地方史研究協議会＝編

Series＝地方史はおもしろい04

日本の歴史を描き直す

——信越地域の歴史像

文学通信

◉目次

第2部 信越国境から見渡す宗教と信仰

第3部 信越地域からみた大地の歴史

第4部　出土したモノたちはわれわれに何を語りかけるのか

第5部　近代化が信越地域にもたらしたもの

第6部　記録史料をわれわれはどのように読み解くのか

『日本の歴史を描き直す——信越地域の歴史像』の刊行にあたって

浅倉有子

みなさん、地方史というと何を想像されますか？　自治体史を想像される方が多いのではないでしょうか。しかし、その自治体史を隣の県の自治体史と読み比べてみてください。例は出しませんが、全く内容が異なることが少なくありません。本書は、既存の自治体史を乗り越えるべく、信越という地域を設定し、新たな地方史像を提示することを試みたものです。

信越地域は、信濃国と越後国（現在の長野県と新潟県）の国境（県境）地域を指しています。この地域は、信越国境を超えて互いに影響を及ぼしあいながら、地域社会を形成してきました。本書をお読み頂ければ、その具体的な影響についてご理解頂けるものと考えます。以下、本書の構成と内容を簡略にご紹介致します。

まず**第1部「生活文化はいかにして境界を越えるのか」**は、線で区切ることができない生活文化を中心に、食文化・祭り・婚姻習俗に関わる論考を配します。

1「謙信の勝負メシ——飯山の笹寿司伝承を追う」（宮澤崇士）は、飯山の郷土食である笹寿司の発祥が、上杉謙信伝説と結びついていることに疑義を呈しつつも、押し寿司タイプの正調笹寿司と、一般に知られているオーソドックスタイプの笹寿司との違いを述べます。

2「幕府に献上された特産物・小布施栗」（原田和彦）は、松代藩から将軍への献上品であった小布施栗の管理のされ方について、明らかにします。栗は、「献上栗」など三つのカテゴリーに選別・分類されました。毎年江戸に運送された栗は、膨大な量にのぼりました。

3「**国境を越える北信濃の蕎麦文化**」（**笹本正治**）は、信州の蕎麦文化について、歴史的に検討した上で、信濃国内の各地域独特の蕎麦食文化を述べます。信越国境地域の栄村では、信濃と越後のつなぎの両者を使う手打ち蕎麦の存在も確認できます。

4「**祭礼に曳き出される長野の屋台——その形態と分布**」（**樋口明里**）によれば、長野県下の屋台は、大きく三つの傾向に分類されるとします。そのうち北信地域の屋台は、善光寺町型と松代町型にさらに分類され、同型の屋台を用いる地域内で売買譲渡の対象にもなったと指摘します。

5「**地域と時代をまたぐ婚姻儀礼・チカムカエ**」（**望月誠**）は、信濃国高井郡箕作村（現長野県下水内郡栄村）の「チカムカエ」と呼ばれる婚姻習俗について述べるものです。幕末の事例では、越後の嫁と信濃の婿の居住村のほぼ中間の国境地域で、嫁の荷物の受け渡しと酒肴の振る舞いが行われました。

第2部「**信越国境から見渡す宗教と信仰**」は、善光寺・戸隠山・妙高山の信仰、信越に多くの由緒地を持つ親鸞上人、近代の神社合祀に注目し、信仰史の一端をひもときます。

6「**仏教絵画を解読する——善光寺式阿弥陀三尊像の手指のかたち**」（**竹下多美**）では、絵画作例の善光寺式阿弥陀三尊像が、仏像はと異なる印相を結んでいることを指摘します。仏像の場合は、中尊が特徴的な刀印という印相をしていることで知られています。

7「**二つの霊山と一人の僧——山岳信仰を護持した宝蔵院俊海**」（**佐藤慎**）は、平成三十年に「発見」された宝蔵院（第二世院主俊海（戸隠山顕光寺第四八代別当宝蔵院のこと））に宛てた智楽院僧正の二通の書状を手がかりに、宗教者たちの密接な繋がりと、信越国境の宗教空間の一体性を述べます。

8「北国街道をゆく江戸時代の巡拝者たち――『二十四輩巡拝』ルートについて」（渡部浩二）。浄土真宗の開祖・親鸞とその高弟二四人ゆかりの遺蹟を訪ねる「二十四輩巡拝」の道であった信越国境地域について、案内記等から論じます。

9「神社合祀のたどりかた――妙高市のオンライン神社明細帳を読み解く」（由谷裕哉）。妙高市域のうち信越国境に最も近い、旧妙高高原町と旧妙高村の神社明細帳を素材に、その史料的価値の有用性と当該地域の合祀の特徴について検討します。

第3部「信越地域からみた大地の歴史」では、フォッサマグナをはじめとする地質遺産の存在から大地の成り立ちを概観し、その後の暮らしや産業との関係性を探ります。

10「信越地方の大地はいかに形成されたか――フォッサマグナと糸静線」（竹之内耕）は、フォッサマグナを手がかりに、信越の大地の歴史と、大地と暮らしの関係を検討するもので、断層と古道（塩の道）との関係、棚田、石油、翡翠、そして東西の文化の境界等について述べていきます。

11「信越国境地域はかつて海だった――長野にあったと考えられる海岸線の話」（成田健）。文字通り、信越国境地域はかつて海であったという内容です。長野県は五〇〇〜四〇〇〇万年前の海の最南端にあたっていて、特徴的な地層から多くの貝類等の化石が見つかるので、古環境の復元が可能になります。

12「古代のブランド品を生んだ大地と歴史――玉と斧の生産と流通」（木島勉）では、姫川下流域で製作された翡翠製大珠と透閃石岩製磨製石斧が、なぜこの地域で専業的に製作され、ブランド化したのかを論じます。

第4部「出土したモノたちはわれわれに何を語りかけるのか」では、「文化の十字路」と呼ばれる北信濃の地理的重要性を様々な考古資料からたどります。

13「地域史から列島史への寄与――柳沢遺跡の銅戈と銅鐸」（柳生俊樹）。二〇〇七年に、中野市の柳沢遺跡から銅戈八本と銅鐸五個が、「青銅器埋納坑」から発見されました。これは、東日本における青銅器の一括埋納の初現になります。柳生氏は、これの型式等から、日本列島における青銅器の流通の問題に切り込みます。

14「奥信濃の弥生王墓はいつ出現したか――根塚遺跡と北陸系土器」（室正一）は、飯山盆地の千曲川河東に位置する根塚遺跡について、その核心である鉄剣と墳丘墓の出現時期をめぐる論点を整理し、奥信濃の歴史的展開の再考を提言します。

15「屋代木簡からみえる古代の役人の教養――『論語』はなぜ読まれたのか」（二星潤）によると、屋代遺跡群から出土した木簡に『論語』の一節を記したものがあり、初学者用の教科書として使用されていたそうです。『論語』が、文字習得という実際的な意味を持っており、地方でも漢字文化が広く展開していたことがうかがえます。

16「まぼろしの古代寺院　雨宮廃寺――古瓦の向こうにみえる古代の信越」（平林大樹）は、出土した瓦から、瓦の製作、流通、使用、廃棄というライフヒストリーを追う内容です。雨宮廃寺跡からは出土した瓦当の意匠の分析から、愛知県篠岡二号窯で焼かれた瓦が雨宮廃寺跡に伝来し、さらに北の栗原遺跡（新潟県妙高市）、佐渡国分寺へと、古代の交通路に沿って技術者の移動を伴いながら伝播して行ったことがわかります。

第5部「近代化が信越地域にもたらしたもの」では、幕末から明治へと移り変わる社会の姿を藩校・鉄道建設・スキー倶楽部・水力発電所建設の現場からみていきます。

17「藩校日記から読み解く、幕末・信州松代の教育事情」（野村駿介）は、松代藩の幕末から明治初年に至る教育事情について述べます。国史跡の文武学校の改修工事の再開を契機に始められた資史料調査によって、新たに判明した、文武学校の教員と生徒の実態や、教育内容が徐々に変化していく過程を明らかにします。

18「地域を豊かにした陶器とレンガ――赤塩窯と鉄道局御用煉化石製造所へ」（小柳義男）。信越国境地域の赤塩（現飯綱町）で幕末から製造された赤塩焼の窯元が、明治十九年（一八八六）に直江津線（後の信越線）の隧道で使用される煉瓦の製造を請け負うことになりました。さて、この新事業はうまくいったのでしょうか？

19「日本スキー発祥物語――越信スキー倶楽部の誕生とその名称」（荒川将）は、「日本スキー発祥之地」である上越市高田を、日本のスキー術が広く全国に普及し、産業や文化へと発展していく源流と位置付けます。初めてのスキー倶楽部の名称には、越信という地域名が冠されました。

20「世界の至宝「池尻川発電所」――発電と農業の共存をめざして」（西山耕一）。野尻湖唯一の流出河川である池尻川に建設された池尻川発電所は、日本初の揚水式発電所であり、発電と農業との共存を図るために「一年二周期運転」が行われている世界で唯一の発電所です。越後側での野尻湖の農業用水利用は、十七世紀後半に遡ります。

最後の**第6部「記録史料をわれわれはどのように読み解くのか」**では、古文書が地域の埋もれた歴史を明らかにする好例として、信越に関係する六つの事例を紹介します。

21「川中島合戦を読み直す――永禄元年の争いの検討」（前嶋敏）の論考は、これまであまり言及されていなかった、永禄元年（弘治四年・一五五八）の武田晴信と上杉景虎の信濃北部地域の領有をめぐる対立について述べていきます。

22「近世人の国防思想――真田幸貫の海防と文書」（山中さゆり）は、真田宝物館に所蔵されている八代藩主真田幸貫自筆の「真田幸貫思召書」を取り上げ、幸貫が彼我の砲術の長短などを論じ、海防の現状を憂えていたことを明らかにします。

23「震災の記録絵図――新史料が明らかにする宝暦元年高田地震」（浅倉有子）は、寛延四年（宝暦元年・一七五一）に高田平野を震源として発生した高田地震による高田城の被害状況を述べるものです。この地震では、信濃国松代藩領でも被害がありました。

24「幕領への復帰を求めた農民――越後国上板倉郷と大崎郷の庄屋の記録から」（清沢聰）は、文政元年（一八一八）から同三年までの、越後国上板倉郷と大崎郷の村々が、高田藩領から幕府領への復帰を願って幕府当局者に運動した一連の記録「村替一件」の内容と経緯を論じます。

25「百姓たちの山争いと領主の戦略――信越国境山論」（小酒井大悟）では、寛文十年（一六七〇）に発生した信濃国水内郡森村（飯山藩領、現長野県栄村）と、越後国魚沼郡羽倉村（高田藩領、現新潟県津南町）の山論を検討し、両村の境目が信越国境として定められた際の両藩の戦略や意図の相違を述べていきます。

26「藩主の不行跡を裏づけるには――史料の『クロスファイアー』論」（花岡公貴）は、姫路から高田への転封の原因を作った榊原政岑の不行跡を諫めた、大田原儀兵衛の「諫表」の内容が史料的に正しいかどうかを、別史料と対照することで検討します。

以上、本書では、六つのブロックに分けて、信越国境の歴史像を描いていきます。多様な角度から、読み応えのある二六本の論考です。ご興味を持たれた章からお読み頂ければ幸いです。

第１部　生活文化はいかにして境界を越えるのか

1

歴史的英雄と郷土食のむすびつき

謙信の勝負メシ
——飯山の笹寿司伝承を追う

【キーワード】
・郷土食と伝承
・戦国武将
・選択無形民俗文化財

宮澤崇士

1、謙信寿司

長野県の北部、新潟県との県境に長野県飯山市は位置している。そんな飯山に伝わる郷土食のひとつに「笹寿司」なるものがある。ご存知の方もいるだろうが、あえて概略を紹介する。夏に採っておいた笹の葉の上に、二口三口ぶんの酢飯を平たくのせ、さらにその上にゼンマイ・クルミ・大根の味噌漬けなどを炒めたものをのせ、紅しょうがや錦糸卵で色付けしたものが、今日の飯山においてオーソドックスなスタイルの笹寿司である（❶）。飯山の主要なスーパーマーケットなどではほぼ毎日販売されているし、地域や職場での酒宴の席にもたびたび上るほど、市民に親しまれている郷土食の代表格といえるだろう。

そんな笹寿司をめぐって、良く知られた伝承が存在する。すなわち、上杉謙信が、かの有名な川中島の戦いに赴く道中、信越の国境にある富倉（現飯山市）でつかの間の休息を取った。その際、富倉の村人が笹の葉の上にご飯やおかずをのせて献上したものが、笹寿司の始まりである、とい

❶今日飯山で見かける笹寿司はこのスタイル

われている。この伝承にあやかった形で、今日では笹寿司は「謙信の勝負メシ」とも呼ばれている。加之、笹寿司は別名「謙信寿司」と呼ばれさえもしている。

ことの真偽はさて置いて、北信濃の郷土食のひとつの笹寿司をめぐって、その発祥や名前、果ては効能（?）について、越後の武将である謙信の存在が大きく影響を及ぼしていることがお分かりいただけるかと思う。

2、なぜ、謙信?

ここでひとつの疑問が生じる。なぜ、謙信なのか。北信濃の食文化に、どうして越後の人が代表として押し出されているのだろうか、と。

謙信は言わずもがな、一六世紀半ばから後半に活躍した、越後・春日山を拠点とした戦国武将である。同時代において、いくつもの土豪が飯山をはじめとする北信濃には存在していた。飯山に縁のある土豪は、これを執筆している時点でも尾崎・今清水・岩井・上倉・奈良沢・大滝などの諸氏が思い浮かぶ。なぜ、彼ら地侍と笹寿司は結び付けられないのだろうか。越後国の大半を手中にし、北陸や関東にまで勢力を広げつつあった謙信に比べ、あまりに弱小なローカルの武将では心許ないのだろうか。

それなら、全国をほぼ手中に収めた織田信長の家臣として、北信濃に派遣された森長可ではどうだ。他にも、徳川家康の子息で、慶長年間には北信濃と越後・高田を領した松平忠輝では…等々。

戦国武将以外にも、飯山に縁が深いとされる歴史上の著名人は多い。筆者が真っ先に思い浮かぶのは、浄土真宗の祖である親鸞だ。越後配流を許された後、親鸞は関東への布教に旅立つが、その道中に位置する北信濃には親鸞縁とされる旧跡や伝説が数多く伝わる。飯山市藤ノ木集落のうち、親鸞が腰を下ろして休息したとされる石の上には榎御坊と呼ばれるお堂が建てられ、集落の人々によって大切に守られている。また、榎御坊の直近に在る正行寺は、親鸞の直弟子・善性が開いた磯部の勝願寺が移って来た寺院を始祖としている。今日の北信濃において多くの寺院と門徒を有している浄土真宗の開祖である親鸞。彼に供した食べ物が笹寿司の祖であった、とはならなかったのは何故だろう。

その答えを端的に示すとすれば、今日の北信濃の人々は謙信のことが大好きだから、であろう。信濃に侵攻し、戸隠・小菅などの北信濃の宗教的拠点を焼き尽くし、それまで各地を治めていた土豪達を追い払った武田信玄。一方で、北信濃から逃れて来た土豪達を迎え入れ、武田氏との戦いを繰り広げた謙信。このような文脈上において、今日の北信濃の人々の意識のうちには、謙信を英雄視している側面が少なからず存在している。武田氏による信濃侵攻が端緒だとしても、北信濃を永年にわたる抗争の舞台にした片棒を担いだ人物であるにもかかわらず、である。

現在の飯山市にあたる寿村の出身で、今日までに至る長野県の郷土史研究の基礎を作った栗岩英治（一八七八～一九四六）は、「信玄崇拝と信濃人」と題した文章の中で、謙信・信玄の優劣論に興じる長野県人を次のように評している。

> 此二人者は、時代の子として、無論大々的傑物であるには相違ないが、信州人に取っては、どんな人々か。御互に其勝敗を決する為めに、我等の祖先を先鋒として戦った人ではないか。（略）自分たちの祖先が、自己の意志に反しつつ而も相殺し相打つの余儀なかった修羅の巷の放送を、他人の事同様に享楽しようとするのである。

上の文章が雑誌『信濃』第九号において発表されたのは昭和七年（一九三二）のことである。およそ九〇年前の読者の心にどれほど響いたのかは想像を膨らませる他ないが、栗岩の指摘は今なお色あせてはいないのではなかろうか。

甲越両雄の戦いの趨勢はさておいても、当時の北信濃の土豪達は、上杉を頼った後に果たして本望を遂げることはできたのだろうか。謙信死後に勃発した上杉家の家督争い（御館の乱）に際して、岩井氏などは一族の中でも景勝派・景虎派に分かれて争った。そして、この時景勝と武田勝頼との間に結ばれた同盟の結果、北信濃は武田氏が支配するところとなった。北信濃の土豪達は、世代は違えどもかつての侵略者である武田の軍門に下らざるを得なくなったのである。

武田滅亡後は織田が、織田滅亡後は上杉が北信濃を支配するが、飯山地方の土豪達はその都度に右往左往し、各軍門を渡り歩いたり、故郷を離れたりしつつ命脈を保つ他無かった。その後は、上杉の会津移封に伴い故地を去ったのは周知のとおりである。北信濃には、相次ぐ戦乱で傷つき疲弊した民衆と、荒廃した土地が残された。

　以上の点から考えた時、上杉家や謙信は、何か素晴らしい贈り物を北信濃にもたらしてくれた訳ではない。結果からすれば、巨悪から北信濃を守り抜いた英雄、とも特段呼べない。そんな隣国の戦国武将である謙信に、北信濃の郷土食である笹寿司はその起源を結び付けられているのである。今日の北信濃における謙信のイメージは、歴史的事実を彼方にうっちゃる程に、隣国の民を救おうとするほど義に厚く勇猛果敢な戦国武将といった像が浸透しているのだ。

　たかが食べ物ひとつの起源にまつわる伝説について、何やかんやと講釈を垂れるな、ケチをつけるなと仰せの向きも当然あるだろう。しかしながら、栗岩英治ら先人達の研究から聊(いささ)かなりとも薫陶(くんとう)を受けた地域史研究者の端くれとして、今回与えられたテーマにもとづき、郷土食の発祥と歴史的英雄像との結び付きについて所感を述べさせていただいた次第である。隣国の伝説的英雄が賞味したといわれる食べ物が、郷土食の起源とされる。信越の国境に位置し、甲越の両英雄の戦いの舞台となった飯山、北信濃ならではの発想なのかもしれない。

　コロナ禍にある今日の私達の辛苦(しんく)も、未来の人々にはひとつの物語として、別の世界の出来事として消費される日が来るのかもしれない。それは悲しいことかもしれないな、と考えながらここまで原稿を進めた。

3、選択無形民俗文化財の調理法

話は変わって、笹寿司発祥の地とされる富倉において、今日オーソドックスとされている前述した笹寿司のスタイルは、実は新しいタイプと見做(みな)されていることを付言しておきたい。

富倉では、集いの席で供される笹寿司の正調は、押し寿司の形態をしているのだ。この文章の執筆にあたり、運良く、富倉で正調の笹寿司をこしらえる場に立ち会う機会を得たので、写真を交えながら紹介させていただく。

今回の場では、笹寿司用に作られた木製の押し型が使われていたが、以前は豆腐を作る際の木枠を笹寿司の押し型として流用していたといわれている（❷）。

メインの具材として使われるのは、水でもどした干しゼンマイと干しコゴミ、クルミ、大根の味噌漬け。これらを細かく刻んだ後、炒って具材の水分を飛ばしていく（❸）。

木枠の底面に、上下を少し切り飛ばした笹の葉を敷き詰める。その上に合わせ酢を混ぜたご飯を2、3センチ厚に敷き詰め、さらにその上に前述の具材をのせていく。

またその上に笹の葉を敷き詰めて、ご飯、具材の順に重ねていく（❹）。これを数度繰り返していく。

その後、フタと重しを乗せて小一時間ほど寝かせる。かつては漬物石が乗せられたともいわれる。

しかる後、押し型から取り外された笹寿司は地面と垂直に包丁が入れられ、皿に盛り付けられて提供される（❺）。それぞれに取り分けて食す訳だが、笹の葉一枚ずつに一食分の寿司がのっているスタイルではないので、無遠慮に沢山食べても証拠が残りにくくて良い、と今回の笹寿司を作られた方は笑いながら教えてくださった。

この段で取りあげた押し寿司タイプの笹寿司は長野県の選択無形民俗文化財に、オーソドックスなタイプとして紹介した笹寿司は飯山市の選択無形民俗文化財となっていることを付言して、この章の終りとしたい。

❷笹寿司の押し型

❸具材を炒める

❹ご飯、具材を重ねていく

❺昔ながらの笹寿司

木の実からわかる近世社会

2 幕府に献上された特産物・小布施栗

【キーワード】
・地域の特産物
・幕府への献上
・栽培管理方法

原田和彦

1、松代藩と小布施栗

上高井郡小布施町は栗の産地として古くから知られている。また、栗菓子店も多くあり、町づくりが栗や栗菓子を中心として展開している。

小布施栗の始原についてはよくわからない。ただ、『小布施町史』によると、寛永十七年（一六四〇）に松代藩士の菅沼九兵衛が小布施村の御林守である関谷小右衛門に栗林を預けるので、苗木を植えて栗を献上するように命じたとある。ただこれは、御林守に任命するもので、小布施栗の始原ではないと思われる。おそらく、小布施栗は真田家が松代に移封される以前から生産されていたのであろう。

ところで、「小布施栗」の名は、江戸時代からよく知られていた。これは、松代藩が将軍家への産物献上（時献上）としていたためである。江戸時代の『武鑑』に、松代藩からの産物献上の品として小布施栗のほかに寒中雉子もあげられている。ただし、寒中雉子については自然に生息する雉子を人力で捕獲するものであった。このため、自然任せの側面が強かった（原田二〇二〇）。一方、小布施栗は藩の管理下において栽培されていた。

この章では、小布施栗の栽培管理を中心に述べることとする。

2、栗献上とその種類

小布施村で栽培される栗は収穫された後、九月から十月の間に順次松代城下にある御蔵屋敷に収納される。御蔵屋敷には、毎年三万一〇〇〇個の栗が収納されたとある。この御蔵屋敷は、その名のとおり、蔵が並ぶ場所である。松代城本丸の東側に位置している。また、郡奉行やその配下の勘定所元〆の執務する場所でもあった。小布施栗は、勘定所元〆が直接管理していた。勘定所元〆は、栗林を管理する御林守をその配下に置いていた。

御林守は栗林を直接管理していた。歴代関谷氏が世襲的に担った。御林守は御林を任される百姓の管理を行った。百姓が栗の生産を担っていたのである。おそらくは、水田耕作の合間での作業であったと思われる。なお、『小布施町史』によれば、百姓と御林守との間では、時折、衝突することもあったという。

安永六年（一七七七）の小布施栗に関する史料を分析すると、栗は「献上栗」、「次大栗」、「升栗」の三種に分類されていたことがわかる（『松代藩災害史料』2　安永六年九月）。「献上栗」は将軍家への献上用、「次大栗」は「御配り御用」で将軍以外に贈られたもの、「升栗」は小粒の栗で「御配り添え栗」や藩「御膳御用」であったという（関：一九九七）。

収穫期には役人等が立ち会って栗の分類が行われる。虫食いなど外見のほか重さも基準のひとつであった。栗にも相場があった。安永六年には、「献上栗拾」を「七拾匁」、「次大栗拾」を「五拾八匁」としていたものを、この年は不作であったので、「御献上栗拾」を「四拾六匁」と、「次大栗拾」を「三拾弐匁」とした。小布施栗は収穫前後の様子を鑑みて、栗の選別を行った。選別基準は収穫の様子を見ながら、藩内での合意のもとに、厳密に行われていたのである。

小布施栗は江戸に運ばれ、「御献上」栗と「御配」栗とに分けられる。「御配」栗は「次大栗」と分類された栗のことで、江戸で配られる栗のことを指す。真田家は二百弱の家と親戚関係（両敬）にあったので、そうした親戚筋へ配られたのであろう。宝暦三年（一七五三）の『栗御勤帳』（長野県立歴史館所蔵）を分析した関保男氏によれば、将軍やその世子には各一箱ずつ、合わせて三〇〇〇個が献上され、このほか、老中をはじめとして九六家に二万七六〇〇個が配られたことから、江戸にもたらされた小布施栗は三万六〇〇〇個になるという（関：一九九七）。

江戸への献上は、時期が遅れることがあった。江戸への御献上が延引になったため、三〇〇〇の栗に虫刺しができて用立てができなくなったとの記録もある（『松代藩災害史料』12　文政三年十一月）。収穫後の管理も大変であったことが読み取れる。

3、小布施栗不熟・木枯れと藩の対応

小布施栗は、例年同じように献上されるわけではない。不熟にあたってどのような処理がなされたのか、次に見ておきたい。

栗は春になると花をつけるが、それ以降の生育状況について、御林守と勘定所元〆によって観察される。

栗の生育については、八月の段階において不熟であるかどうかが判断される。不熟と判断されるのには、次のような手続きを踏むこととなる。

○小布施村御林の百姓惣代（御林惣代とも）が、御林守の関谷茂助などに不熟について願書を上申する。

○御林守は御林惣代から提出された願書に奥書をして郡奉行に提出する。

○郡奉行は家老に対して、勘定役二人、立合いとして御徒目付一人という構成の役人を派遣するように願いをだす。

○家老が最終的に役人の出役について決裁をする。

家老の決裁が済むと、小布施栗を管理する主幹である郡奉行から勘定役などに対してその出役を求めることとなる。勘定役が最終的に判断することとなるが、そこで不熟と判断されると、先

に見たように、栗の等級についての基準が見直されることとなる。

　栗の木は雪折れによって損傷することもあった。この際には、その持ち主が伐採するようにとある。栗の木は百姓が個々に所有あるいは管理するものであることがわかる。

　また、風で倒れたり、木枯れしたりすることがある。栗の木は個々に所有されていたのであり、このため税を納める義務もあった。ただ、この点について百姓が藩に対してその矛盾について上申した文書が残る。ここから、木枯れした栗の処理と税との関係について触れておこう（『松代藩災害史料』15　天保二年十一月十四日）。木枯れした栗の木については、御林守へ相談し、見届けてもらってから伐採するように命じている。そのあとには苗木を早く植える必要があるが、栗の木が成長するのには八年や九年かかり、十年目に至ってようやく、一つ二つと実がつくのである。栗の木の木枯れが多くなると、その収穫がかなり遅れるので、栗の木の「銘々持主」のうちには、税を納められなくなるというのである。このために、税の軽減を求めている。

　結果的には、藩は税の軽減を認めることとなる。

4、小河原村（おがわらむら）の栗林

　小布施村のほかにも、栗林は小河原村（現須坂市）にもあったことが確認される。小河原村の栗林についても少し触れておこう。

文政二年（一八一九）の記録には次のようにある（『松代藩災害史料』11　文政二年十月）。「栗石壱石八斗三升」のうち、「弐斗五升」については「風損ニ付子より五年引」とし、「九斗五升」については、「大検見向見分之上当壱毛引」としている。残りの「六斗三升」を上納分としている。ただし、「小布施栗直段書上百文ニ付壱升之所、前々之通弐割安仕、壱升弐合直段を以代銭上納辻」とあり、小布施村の栗よりも二割安の計算となっている。この時期になると、小河原村では、栗上納は行われておらず、金銭による上納へと変化していたことがわかる。

その後、天保二年（一八三一）には、吉沢十助が「小河原村栗御林御払木之義ニ付伺」とする書類を提出し、家老の許可が得られた（『松代藩災害史料』15　天保二年十一月二十四日）。小河原村の栗林の伐採について許可が得られたのであり、名実ともにこの時期になると、小河原村から栗林は消滅するのである。

5、おわりに

ここでは、小布施栗について、その概略を述べてみた。小布施栗はあまりにも有名な割には、研究が多くはない。ここでは、藩の史料を中心に分析したため、概略を述べるにとどめた。御林守の関谷家と栗の木を所有する百姓との関係については触れることができなかった。従来からの支配という考え方で見ると、どうしてもそこには争いがあったという視点でしか議論は進まない。松代藩の産物献上を支えた、御林守と百姓の関係については、今後、検討すべき事項であろう。

参考文献
・小布施町『小布施町史』（一九七五年）
・原田和彦「松代藩の産物献上と地域社会—追鳥雉子を中心に—」（鈴木直樹・渡辺尚志編『藩地域の環境と藩政』岩田書院　二〇二〇年）
・関保男「史料紹介　小布施栗の献上史料」（『須高』第四四号、一九九七年）

3

現代にも残る食の地方史

国境を越える北信濃の蕎麦文化

【キーワード】
・食文化史
・北信濃
・蕎麦と笹寿司

笹本正治

1、はじめに

信州という語を冠する食べ物で誰もが思いつくのは信州蕎麦であろう。山がちで標高の高い信州では水田を開けず、稲の生産ができなかった地域が多い。そうした場所で蕎麦は生産され、地域性と歴史性をもって食べられてきた。

信州は広いので、県内を北信、東信、中信、南信といった区分をする。北信（北信濃）は明治初期までの水内郡・高井郡・更級郡・埴科郡の四郡をいう。北信濃の水内郡柏原村（信濃町）出身である小林一茶には、享和三年（一八〇三）の「更しなの蕎麦の主や小夜砧」、文政二年（一八一九）の「夕山やそば切色のはつ時雨」、文政四年の「江戸店や初そばがきに袴客」「草のとや初そばがきをねだる客」、文化九年（一八一二）の「そば時や月の信濃の善光寺」などの蕎麦を詠んだ句がある。

信濃と蕎麦といえば与謝蕪村（一七一六～一七八四）も、「鬼すだく戸隠のふもとそばの花」と、戸隠山を舞台にした謡曲「紅葉狩」を前提に句を詠んでいる。戸隠蕎麦は有名だったのである。

江戸時代には信州と蕎麦とは切り離せないものになっていた。この蕎麦を中心にして北信濃の文化的な特徴を考えてみたい。

2、蕎麦の食べ方

高知県佐川町の地層から見つかった蕎麦の花粉から、縄文時代草創期（約九三〇〇年前）には蕎麦が栽培されていたと推定されている。北信濃においても、長野市飯綱（いいづな）高原に位置する逆谷地（さかさやち）湿原で得られたボーリングコアを試料とした研究によって、約三〇〇〇年前の縄文時代の後期から火入れをともなう人間活動が増え、森林植生への影響が顕著になり、紀元九〇〇年から六〇〇年頃、微粒炭が急増するとともに、ソバ属の花粉が検出される。したがって、規模は不明ながら現在の北信濃の一部で縄文時代にソバの栽培が開始されていたと考えられている。

松本市の虚空蔵山（こくぞうさん）遺跡十二原沢上流の平場の水の湧いているところを調べたところ、大量の蕎麦の花粉が発見された。山内の水田ができない地で十五世紀に蕎麦が栽培されていた。当然のことながら、蕎麦は時代を超えて栽培され続けてきたのである。

戦国時代、高冷地である富士山北麓の様子を記した『勝山記』では、蕎麦が一度だけ姿を見せる。それは天文十七年（一五四八）の記載で、売買は米五升、粟一斗、大豆一斗、大麦一斗、蕎麦一斗二升と出ている。これにより蕎麦が売買の対象として流通市場にのせられており、その値段は米の半分以下で、粟や大麦、大麦よりも安かったことがわかる。これなら民衆も購入できるだろうから、蕎麦は昔から民衆の食べ物だったといえる。

それでは蕎麦はどのようにして食べられていたのであろうか。蕎麦は粒のままでは調理が難しく食べにくいが、粉にすれば、水とんにしても、団子のようにしても、比較的簡単に調理が可能である。一茶の句にそばがきが出ているが、蕎麦を粉にして熱湯をかけて餅状にしたそばがきは最も簡単で食べやすい調理であろう。

中世の遺跡からは石臼や擂鉢が多く出土する。例えば北信濃の代表的な豪族である芋川氏の居館跡（上水内郡飯綱町大字芋川）からは、粉挽き臼や茶臼が出土している。飯山市の大倉崎館跡からも粉挽き臼や茶臼が発掘されている。中世は粉食の時代で石臼を使って穀物が粉にされたが、蕎麦も粉食の代表だった。

3、蕎麦切り

私たちが日常接する麺にしての蕎麦の食べ方を蕎麦切りという。寛永十五年（一六三八）の序をもつ松江重頼編の『毛吹草』は、信濃国について「蕎麦切　當國ヨリハシマルト云」と、蕎麦切りが信濃から始まったと記している。ここでは信濃国の場所は記されていないが、宝永三年（一七〇六）に編纂された俳文集の『風俗文選』には、「蕎麦切頌」で雲鈴（許六の弟子で陸奥盛岡藩士。後仏道に入る）が、「蕎麦切りといつは、もと信濃ノ国本山宿より出て、あまねく国々にもてはやされける」と書いている。蕎麦切りは信濃国の本山宿（塩尻市）から出て、国々に持てはやされるようになったというのである。これを根拠に本山では蕎麦切りの発祥地だと称し、現在も新蕎麦の時期を中心に多くの人を集めている。

尾張藩の儒学者堀杏庵は寛永十三年（一六三六）に記した紀行文『中山日録』で、中山道の「過楢井著贄川驛入夜相君賜蕎麦切作法如小麦麺筋冷淘以蘿蔔汁少加醤入鰹粉葱蒜食之恣大嚼則尤宜口眈食者至数十椀」（楢井（奈良井）を過ぎ、贄川驛に着く。夜に入り相君蕎麦切りを賜う。作る法は小麦麺筋の如く冷し淘げる。蘿蔔汁を以て、少し醤を加え、鰹粉・葱・蒜を入れ、之を食す。恣に大嚼、則ち尤も口に宜しく、食に眈る者、数十椀に至る）と記している。蕎麦を大根の絞り汁・たれ味噌・薬味で食すというので、ほとんど現在と同じ食べ方といえよう。したがって、これは蕎麦切りである。

『宗賀村誌』によれば、本山宿本陣文書で蕎麦に関する記事は、寛文八年（一六六八）を初見とし「本陣より諸大名に献上物の中に、寛文八年四月七日松平左京大夫の下りに対して、そば粉弐袋、同四月九日に牧野佐渡守に寛文九年四月二三日には松平左京大夫の上りに蕎麦粉一箱、寛文一〇年六月四日に丹羽式部少輔の下りにそば切りを、同一二年三月二八日の小笠原遠江守上りの泊りにそば粉一箱、同一三年四月五日丹波式部少輔の下りの昼休みに、そば粉一袋、延宝二年三月二三日遠山信濃守にそば切り手樽一本同四年竹中左京にそば粉一袋（中略）天和二年九月一日松平中務太輔にそば粉一袋と、そば切り」などが見られ、元禄以前既に本山蕎麦は、天下の名物になっていたことが知られる。

太田南畝の『壬戌紀行』に「本山の駅には、『うんどん、そば切、しっぽく』、といふ看板多し」とあり、また狂歌師蜀山人として「本山のそばは名物と誰も知る　荷物をここにおろし大根」と洒落ている。

蕎麦切りのもう一つの発祥地とされるのは甲斐の天目山（甲州市）である。尾張藩の国学者である天野信景（さだかげ）が元禄十年（一六九七）頃に起筆した『塩尻』には、宝永年間（一七〇四～一一）の条に「蕎麦切は甲州よりはじ（始）まる。初め天目山へ参詣多かりし時、所民参詣の諸人に食を売に米麦の少かりし故、そば（蕎麦）をねりてはたご（旅籠）とせし、其後うとむ（饂飩）を学びて今のそば切りとはなりしと信濃人のかた（語）りし」とある。ここでいう天目山とは山梨県甲州市大和町にある臨済宗棲雲寺（せいうんじ）のことである。この地域も山中で、水田地帯ではない。

天野信景に蕎麦切りの発祥の地は甲斐の天目山だと語ったのが、信州人だったことが興味深い。

天正二年（一五七四）二月十日から始まった定勝寺（じょうしょうじ）（木曽郡大桑村須原）の仏殿の修理に当たっての「番匠作領（料）日記」中の「同（作事之）振舞同音信衆」に、「振舞　ソハキリ　金永」の記載がある。金永という人物に定勝寺が蕎麦切りを振舞ったのであろう。

この記録が蕎麦切りに関する目下のところ最も古い記載である。史料的に確認される最も古い文献は木曽谷の南部に残り、従来蕎麦切り発祥の地とされてきた本山は木曽谷への北からの入口に当たる。米の生産がほとんど望めない木曽谷で、蕎麦をおいしく食べるため、早くから蕎麦切りが作られていたことは疑いない。

4、更科蕎麦と戸隠蕎麦

蕎麦を代表する名前に更科（さらしな）蕎麦がある。これは実の内部にある胚乳の中心部の粉を使った蕎麦で、品のある白い麺が特徴である。蕎麦の実は、外皮に近いほど色が濃く、香りが強く、たんぱく質（グルテン）を多く含む。反対に中に近いほど色が白く、香りが弱くなり、グルテンは少なく、代わりに澱粉を多く含む。実の中心部を使用して作る更科蕎麦の味は、そばの香りは弱いが、ほんのりした甘みと特有の風味がある。

更科蕎麦の発祥は寛政元年（一七八九）に清右衛門が創業した「信州更科蕎麦処 布屋太兵衛」だとされる。清右衛門は信州の保科（ほしな）村（長野市若穂保科、旧上高井郡）で太物の行商をしていたが、名を改め太兵衛とし開店したという。逗留先である江戸麻布上屋敷の保科家領主、保科兵部少輔（後に保科正賢、上総飯野藩）に蕎麦打ちの才能を見出され、蕎麦屋への転向を勧められたのがきっかけとなったようである。おそらく既に蕎麦の実の中央を使った蕎麦が信濃に存在していて、清右衛門はそれを前提にして店を出したのであろう。

「さらしな」ということでは、信濃には更級郡がかつて存在した。出土した木簡などから大宝律令以前は後の埴科郡と共に「科野評」を構成していたようで、長屋王家木簡には「讃信郡」との郡名表記もある。『和名類聚抄』では「更科郷　佐良志奈」とあり、郷として麻績・村上・當信・小谷・更級・清水・斗女・池郷・氷鉋が当郡に含まれていた。

なお、この地域には辛味大根のおしぼり蕎麦がある。辛味大根のしぼり汁に信州味噌をいれてそばつゆを調整して食べるものである。堀杏庵が寛永十三年に食べた蕎麦とほとんど同じものが残っている。

おそらく北信濃の蕎麦として最も有名なのは戸隠蕎麦であろう（❶）。これは長野市戸隠地区（旧戸隠村）で伝統的に作られ供されてきた蕎麦の総称で、ソバの甘皮を取らずに挽く「挽きぐるみ」の蕎麦粉を使い、打つ際には麺棒で四角ではなく丸く伸ばして、それを台に打ちつけて粘りとコシを出す。湯であがった麺をザルに盛る際は、蕎麦の水を切らずに食べやすい塊り（ボッチ）に丸めて盛り付ける。現在も戸隠にはこの蕎麦を求めて遠来の客が集まっている。

5、オヤマボクチと布海苔

信州では地域ごとに適した美味しい蕎麦の品種が栽培され、様々な蕎麦の食べ方が考案されてきた。

特徴ある北信濃の蕎麦に、飯山市富倉に伝わるつなぎに山ごぼう（オヤマボクチ。雄山火口）の茸毛（葉の繊維）を使った富倉蕎麦がある。山から採ってきたオヤマボクチを仕込むのに大変な手間

❶戸隠蕎麦

ひまがかかり、打った生地を乾かすのにも時間を要し、打つ人も減ってきたため、幻の蕎麦として紹介されている。飯山市に隣接する木島平村では同じ製法の蕎麦を「名水火口（ぼくち）そば」としてブランド化に取り組んでいる。北信地方の山ノ内町須賀川（すかがわ）地区の「須賀川そば」も同様である。

富倉の北は新潟県妙高市長沢になるが、ここでも同じ製法で打つ蕎麦があり、「幻のそば長沢蕎麦」として人気を集めている。

長野県最北端に位置するのが下水内郡栄村で、その北側は新潟県中魚沼郡津南町、東側は十日町市となる。新潟県魚沼地方はへぎ蕎麦で知られる。つなぎに海藻の布海苔（ふのり）を使い、へぎといわれる器に盛り付けた切り蕎麦である。信州でつなぎに布海苔を入れた蕎麦を出すのは栄村だけであろう。新潟県は国宝の火焔型（かえんがた）の縄文土器で知られるが、そうした土器が長野県で出土するのも栄村のみである。

栄村ではオヤマボクチと布海苔の両方をつなぎにして打ち上げた手打ちそばがある。その意味では海と山、信濃と越後が入り交じる場所だともいえよう。

栄村秋山郷と山ノ内町須賀川には早蕎麦がある。これはゆでた千切り大根に水溶きそば粉をからめて団子状にして、季節の野菜や山菜と煮て食べる。蕎麦切りはハレの日の食べ物であったのに対し、早蕎麦はケの食であった。

寒い冬を利用して作られ、食べられていた保存食が凍りそば（凍み蕎麦）である。これは手打ちの蕎麦を一口大に丸めてざるに並べ、冬の厳寒期に野外で一晩凍結させ、一月ほどかけて室内で乾燥させたものである。お湯で戻せばすぐに食べられるが、昔は囲炉裏に吊るした鍋に野菜などを煮立てた汁を作り、「とうじかご」に入れた凍りそばを振って戻して、振る舞われてきた。昭和五十八年（一九八三）には、長野県の選択無形民俗文化財に指定され、信濃町柏原に伝わっている。

6、おわりに

北信地方の代表的な郷土料理の一つに笹寿司がある（❷）。これはクマ笹の葉の上に酢飯とワラビ、干しゼンマイ、椎茸などの山の幸の佃煮、くるみ、錦糸玉子、薬味として紅ショウガをのせるものである。

長野県では笹寿司を「長野県選択無形民俗文化財」に指定しているが、新潟県では農林水産省「農山漁村の郷土料理百選」に選ばれている。新潟は笹団子に代表されるように笹の文化地であり、北信濃はその影響を受けたものではないだろうか。

飯山市では冠婚葬祭に笹寿司とともに並ぶのが、乾燥させた海藻「エゴ草」を煮て、固まらせた

❷飯山の笹寿司

エゴで、からし醬油で食べる。これも越後の食文化を受けている。食文化のみならず、多くの物資や文化が領域や行政域を超えてつながっている。そうしたものを具体的に明らかにしていくことも、地方史の大きな使命の一つであろう。

参考文献
・富樫均・田中義文・興津昌宏「長野市飯綱高原の人間活動が自然環境に与えた影響とその変遷」（『長野県自然保護研究所紀要　7』、二〇〇四年）
・『芋川氏館跡発掘調査報告書』二七頁（三水村教育委員会、二〇〇三年）
・『芋川氏館跡（第4次）・（伝）願生寺跡』（飯綱町教育委員会、二〇一四年）
・『小沼湯滝バイパス関係遺跡発掘調査報告II　飯山市埋蔵文化財調査報告書　第19集』（飯山市教育委員会、一九八九年）
・『宗賀村誌』（宗賀村誌編纂会、一九六一年）

4

祭礼に曳き出される長野の屋台

お祭の盛り上げ役がみせるさまざまな姿

——その形態と分布

【キーワード】
・形態と分布
・都市の祭礼
・一様ではない文化

樋口明里

1、屋台と文化圏

屋台は祭礼において曳き出される造形物であり、練り物の一種といえる。一般的には「山車」と呼ばれることが多いだろうが、これは東京（江戸）における呼称が明治時代以降に広がり、標準語・総称として使われるようになったものであることが指摘されている（植木：二〇〇一）。実態としては、祭礼において曳き出される練り物としての造形物は、各地に無数に存在し、その名称は様々である。ユネスコの無形文化遺産には「山鉾屋台行事」としてその祭礼が採択されたように、「山」「鉾」「屋台」として総称されることも増えてきた。ここでは、中心的に紹介する長野県の事例において多く用いられる「屋台」という呼称を使用したい。

屋台等は、地域毎に形態や呼称が異なる。全国的には、江戸などの大都市を中心として同様の祭礼や造形物が分布しており、文化圏を形成しているとされている。例えば、植木は、歴史的地域的特色を示す文化圏として、「大山・車楽文化圏」「山笠文化圏」「御車山文化圏」「江戸型山車文化圏」「名古屋型山車文化圏」「長浜曳山文化圏」「地車文化圏」を挙げている（植木：二〇〇九）。

こうした文化圏は、非常に大きい地域の傾向を示したものである。地域の分布状況を細かくみていくと、長野県のような地域では、その様相は一様ではないことがわかる。ここでは、長野県における屋台の分布状況とその傾向をみていきたい。特に、屋台の形態面からみていきたい。

2、長野県の近世都市祭礼と屋台

屋台は都市の祭礼において出されてきた。長野県では、門前町や城下町において屋台などの練り物が出される祭礼が行われてきた。善光寺町の御祭礼（現ながの祇園祭）や、松代天王祭、飯田のお練り祭り等がその代表例である。屋台を出すことは、幕末～明治時代には周辺の町や農村にも広がったとみられ、現在は都市的な祭礼以外においても様々な造形物が出されている。

祭礼で出されている屋台は、二輪、あるいは四輪の車輪に、一層～三層の構造物が設けられたものである。一層のものは平屋建て、二層のものは二階建てとされる。北信地域では、❶のようなものが一般的であるとされる（吉沢：二〇一五）。その構造、各部の名称は❷のようになっているが、長野県下では屋台の形態や呼称は一様ではない。

長野県の屋台は踊りなどの芸能を披露する舞台を中心とする芸屋台が多い。北信では、かつては人形を乗せていた屋台が多かったが、近年はほとんどが芸を披露するものとなっている。他に

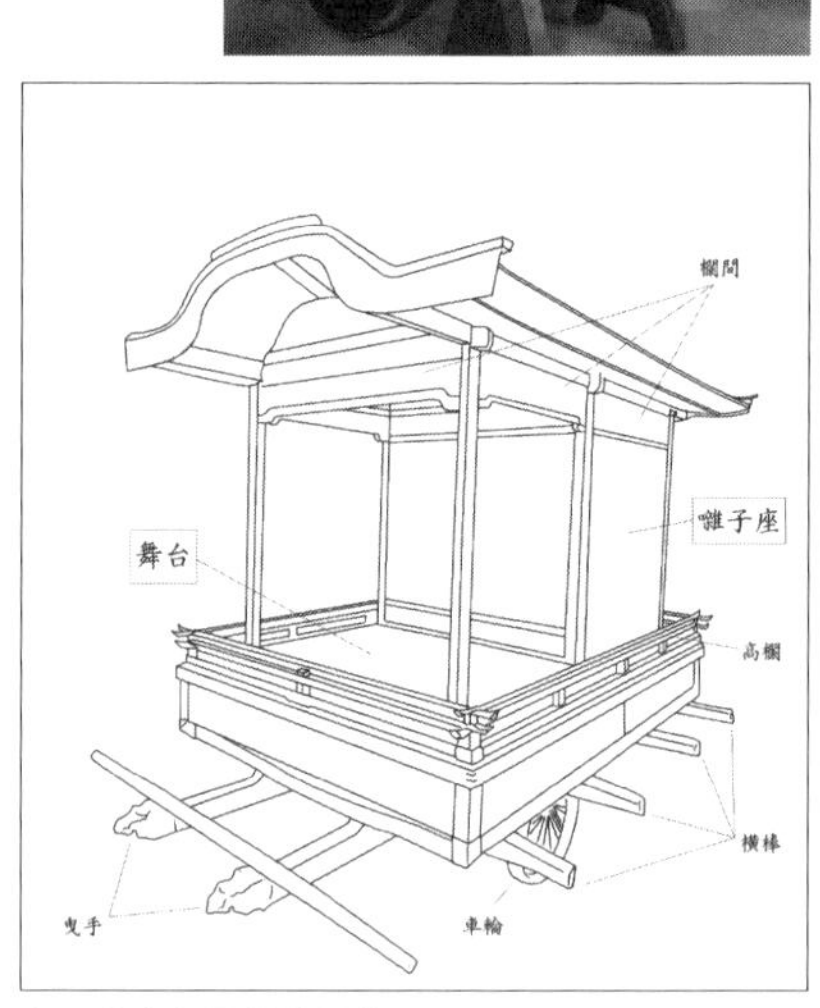

上：❶鬼無里神社屋台
（長野市鬼無里町区所蔵・鬼無里ふるさと資料館寄託。写真は長野市立博物館提供）
下：❷鬼無里神社屋台簡略図
（筆者撮影写真を元に作成）

も囃子の演奏が主である囃子屋台もみられるが、祭礼において最も目立つ形で曳き出されるものは、芸屋台である。そして、芸屋台として使われるものの多くは、囃子座を併設している。山・鉾・屋台等は「囃されるもの」と「囃すもの」（植木：二〇〇一）に大別され、長野県の事例の多くは「囃すもの」としての屋台が地域において受容・定着したものといえる。

このような屋台の分布は、自治体誌や民俗誌、現地での祭礼調査によって知ることができる。続いて、長野県下の屋台の分布傾向をみる。

3、屋台の分布

長野県は南北に広い地域が一つの県となっているが、県下の文化的な様相は一様ではない。具体的な造形物の形態から、県下の様相をみたい。

（一）三傾向

長野県では、大別して三つの傾向をみることができる。三つの傾向は、それぞれ飯田城下、松本城下、善光寺門前及び松代城下の三箇所を中心とした地域にみられる。概ね、南信地域、中信地域、北信地域にあたるといえよう。

①飯田城下の本屋台

現在の飯田市街地、かつての飯田城下においては、「飯田型」とされる屋台がある。これは、三河（愛知県）に広がっている型と同系統のものとされる（吉沢：二〇一五）。二階建て、あるいは三層で上に舞台、下に囃子座が配されている。これらは、飯田お練り祭りでかつて曳き出され、「本屋台」と呼ばれていた。この系統は背が高いものが多いため、市街地に電線が配下されたことによってみられなくなったといわれている。

②松本城下の舞台

松本城下をはじめ、中信地域では、「舞台」という名称が使われているのが特徴的である。本稿でもこの呼称に倣い、中信地域に広がる型を舞台とする。舞台は、現在の松本市から塩尻市、山形村、大町市にまでみることができる。

舞台は、二階建てのものが多い。上層が舞台、下層が囃子座であり、多くは上層の舞台が広くとられ、下増の囃子座は天井が低く造られている。この型の代表例は大町市の大黒町舞台（長野県宝）といえる。大黒町舞台は、松本城下の町から譲渡されたものであり、この型が最も多く残っているのは、松本城下町、特に松本深志神社付近である。松本深志神社天神祭祭礼の舞台（深志神社氏子十六町会舞台）一六台と、北深志地区の二町が保有する二台が現存する（「松本深志舞台保存会一〇年のあゆみ」記念誌編纂委員会編：二〇〇七）。

③善光寺町の屋台

善光寺門前の町においては、弥栄神社祇園祭（通称御祭礼）において屋台が曳き出されてきた。この祭礼は現在ながの祇園祭となっている。ここに現存する屋台の多くは平屋建てで、前方に舞台、後方に囃子座を配している。ただし、ながの祇園祭に参加する町（御祭礼町）が所有する屋台の中には、これと形態を異にするものがある。この点は後述する。

(二) 特異事例

ここまで、三つの傾向を紹介してきたが、この他にも特異な事例がいくつかみられる。骨組みとなる屋台の本体は他と共通であっても、装飾や使用方法が大きく異なる。特異な事例の中でも、特徴的なものを三例紹介する。

①穂高型御船

安曇平と呼ばれる地域には、穂高神社の御船祭りに代表されるような船型の練り物が出る祭礼が見られる。「オフネ」「シバフネ」など呼称は様々であり(安曇野市豊科郷土博物館編：二〇一二)、船型の練り物が組み立てられる。中には松本城下に多い舞台を船の骨格とする事例もあるが、舞台を船の形に装飾する点においては、非常に特徴的な事例である。

②木曽のだんじり

旧木曽福島町(現木曽町福島)の水無神社例祭で出される屋台は、「だんじり」と呼ばれる。天保年間の作とされる水無神社祭礼絵巻にもその姿が描かれている(木曽福島町教育委員会編：一九八二)。形態としては二階建てであり、松本城下町等に多い舞台に近いが、名称が「だんじり」であるのは、この事例のみである。

③獅子屋台

獅子を伴う屋台であり、南信と木祖村、楢川村等にみられる。伊那谷、特に飯田市周辺に多く見られる。この地域特有のものと言われ、獅子屋台は比較的新しいものと考えられている（三隅：一九八六）。平屋建てで床が低い屋台に幌を張り、大獅子を地面で操るものである。芸舞台の上で獅子舞を舞うような場合とは異なり、屋台が獅子の一部となっていることが、特徴的である。二人立ちの獅子舞（獅子の中に二人以上の人が入って舞う獅子舞）が囃子屋台と一体になったものといえる。ただし、木祖村や楢川村のものは形態が異なり、二階建ての屋台の二階に幌を張り、二階で獅子頭を操る。

以上、県下の事例を概観したが、ここに紹介しきれなかった例も多く、その中には分類に必ずしもあてはまらないものもある。地域には、大小様々な祭礼と屋台があり、多様で豊かな文化が広がっているといえる。

4、善光寺町と松代町

先に、北信地域の代表例として善光寺町のものを取り上げたが、一点一点を細かくみると、北信地域には、実は概ね二つのパターンがあるとわかる。平屋建てのものと二階建てのものがあるのである。これは、時代による差異、もしくは中心的役割を果たしていた町の違いによるものと考えられる。

善光寺町に多く見られるのは、平屋建てで前方が舞台、後方が囃子座のものである。善光寺町と関わりが深かった鬼無里などは、善光寺町と同様のものがみられる。この他、小川村、飯山市静間、長野市長沼、豊野、千曲市屋代等がこの型になる。

一方、松代町には、二階建ての屋台がある。これらは、かつては松代天王祭において出されていたが、現在は出されていないため、一般には見る機会がない。現在は、同様の形態が小布施町などにみられる。小布施町の屋台は葛飾北斎の天井絵があることで有名であり、現在も見ることができる。

小布施町だけでなく、千曲川の東側の地域（河東地域）や犀川の南側の地域（犀南地域）には、二階建て、上層が舞台、下層が囃子座の屋台がよくみられる。中野市中町、須坂市（以上河東にあたる）、篠ノ井（犀南）などである。須坂市や中野市内には平屋建てと二階建てのものが混在している。松代町と須坂市、小布施町と中野市では屋台の売買譲渡が行われた。また、小布施町横町の屋台は川中島（犀南）から購入したとされる（長野県史編纂委員会編：一九九〇）。例外もあるが、これら譲渡や売買を行った地域に二階建ての屋台が残っているといえるだろう。

このように、善光寺町と鬼無里、松代町と須坂、長沼と飯山等は、屋台を売買譲渡したとされ、これらの地域同士にはなんらかの関係性が想定される。売買譲渡が行われる地域は、同様の形態の屋台が使われていることが多いといえるだろう。屋台が流行した江戸時代後期から明治時代にかけて、北信地域には、一つの中心的町・都市があったわけではなく、善光寺の門前町、松代の城下町など、複数の町があった。このことが、形態が異なる屋台が北信地域に混在していることと関係しているのではないかと思われる。

5、まとめ

文化的なひろがりは、現在の行政区分にはよらない。今回は長野県を題材にみてきた。長野県下の屋台の形態・呼称は多様で、主には三つの傾向を設定できるものの、特異な事例がいくつか見られた。特に、北信地域では平屋建てのものが一般的とされたが、事例を細かく見ていくと、二階建てのものも存在していたように、単純に文化の同質性を示すことはできないといえる。マクロな視点で見れば「囃すもの」としての屋台に大別できる事例も、ミクロに見れば地域における受容の形は多様である。

ここまでみてきたのは、あくまで現在の分布状況である。また、地域間の関係性にも目を向けることが必要だろう。例えば、譲渡売買の関係性などをみることで、地域同士の関係性もみえてくる。こういった視点を持つことで、今後一層、一様ではない文化のひろがりに対する理解を深めることができるだろう。

参考文献

・安曇野市豊科郷土博物館編「安曇野市のオフネ祭りの来し方行く末」（『ふるさと安曇野　きのうきょうあした』八、安曇野市豊科郷土博物館、二〇一二）
・植木行宣「第一編　第七章　山・鉾・屋台のかたち」（『山・鉾・屋台の祭り―風流の開花』白水社、二〇〇一）
・植木行宣「山・鉾・屋台の祭りとその展開」（菊池健策編『日本の美術第五一六号　山車』ぎょうせい、二〇〇九）
・木曽福島町教育委員会編『木曽福島町史』第一巻歴史編（木曽福島町、一九八二）
・「松本深志舞台保存会一〇年のあゆみ」記念誌編纂委員会編『舞～松本不可視舞台保存会一〇年のあゆみ』（松本深志保存会、二〇〇七年）
・長野県史編さん委員会編『長野県史』美術建築資料編二解説（長野県、一九九〇）
・三隅治雄『芸能の谷〈伊那谷〉』第二巻芸能のパノラマ（新葉社、一九八六）
・吉澤政己「飯田お練り祭りの本屋台」（飯田市美術博物館『飯田お練り祭り本屋台調査報告書』、二〇一五）

5

昭和までつづいた地域の伝統

地域と時代をまたぐ婚姻儀礼・チカムカエ

【キーワード】
・婚姻の儀礼と行事
・嫁見
・伝統の衰退

望月　誠

1、はじめに

生活圏で交わる信越国境地域においては、境をまたいでの交易や日常的なやりとりがさかんに行われてきた。縁組による交流もそうした関係性の延長にあり、いわゆる通婚圏としても一定の地域的なつながりをもってきた。境で接する村々の習俗には、婚姻の儀礼や婚姻にまつわる行事に共通する作法が多く残されている。

例えば、現在でも続けられていることに、新潟県十日町市松之山地区のムコナゲがある。ムコナゲは地区内から嫁をめとったよそムラの婿を、崖下の雪中に投げ込むという小正月の行事である。越後の奇祭として全国的にも有名であるが、これは隣接する長野県下水内郡栄村箕作地区においても、小正月の道陸神祭りのなかで、今なお行われている行事である。もっとも箕作地区の場合はオンベと呼ばれる行事の一環で、婿が雪原に放り投げられている。オンベでは子どもたちが、よそから嫁いできた嫁に布団をかぶせて、神様の顔が描かれた棒（御幣）で背中をつつくヨ

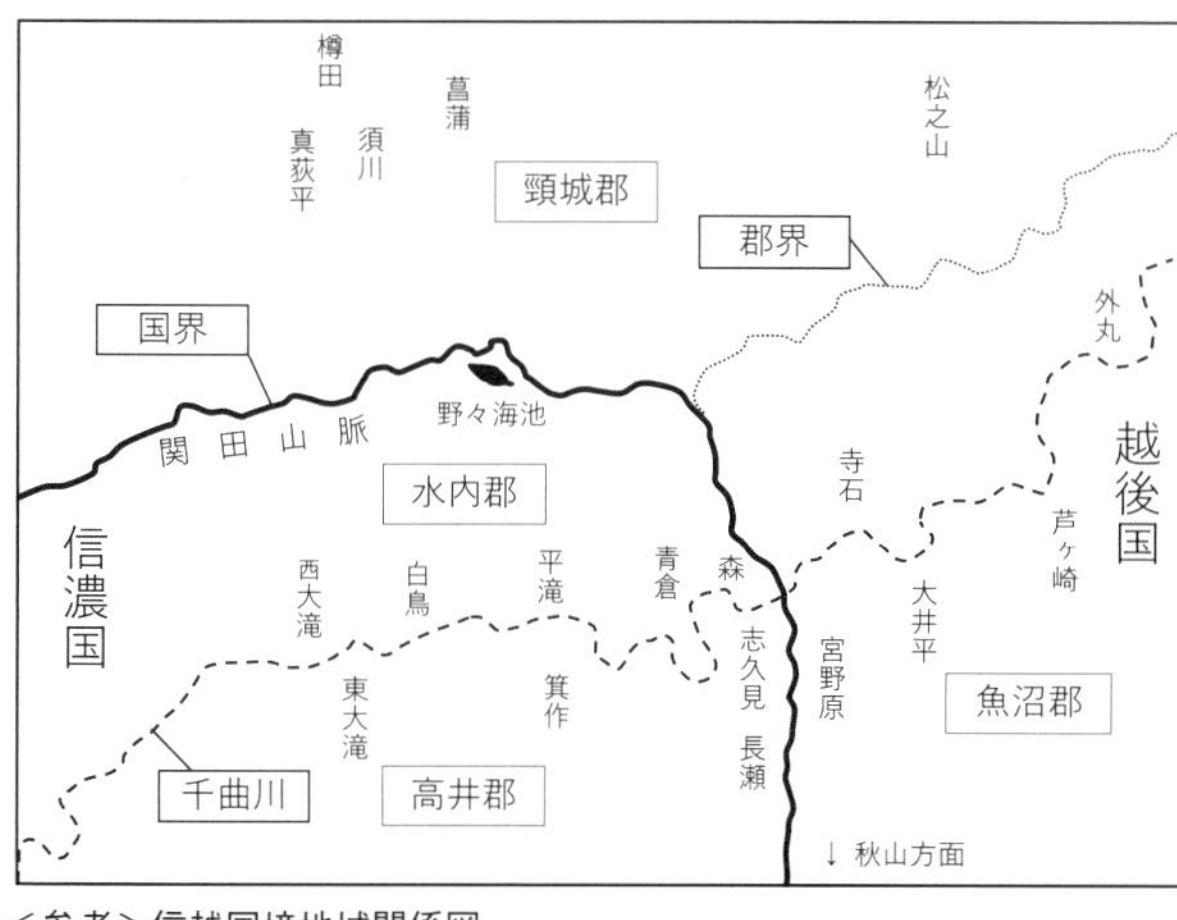

＜参考＞信越国境地域関係図

メッツキも行われる。いずれも新しい村人への歓迎と祝福の作法であるという。

かつては、ムラで行われる婚礼にも古くからの地域の伝統があり、昭和の中頃まではその系譜が引き継がれていた。本章で紹介するチカムカエもそうした婚姻儀礼のひとつである。一般的にチカムカエは、嫁入りの一行を婿方が近くまで迎えに出ることをいう。サカムカエと呼ぶ地域もあり、婚礼に限らず、国境や村境まで知人や客人を出迎えることをいう場合もある。民俗誌の調査によれば、山間の信越国境地域では境をまたいでの婚姻がさかんで、国境付近ではチカムカエが頻繁に行われていたようである。

本章では信濃国高井郡箕作村の事例を、主に長野県下水内郡栄村所在の島田汎家文書から考えてみたい。

2、信濃国高井郡箕作村の通婚圏

信濃国高井郡箕作村は、信濃国最北部の千曲川沿いに位置し、信越国境に接する近隣一一もの集落を枝郷として抱えた幕府領の村である。また、秘境として知られる秋山（あきやま）の信濃側（通称「信濃秋山」）を飛び地として管轄しており、信越国境山中にいたる実に広大な領域を管下に収めていた。

箕作村の通婚圏に関する詳細な分析はまだないが、近世以来、箕作村名主を務めた島田家の文書に、いわゆる「人別（にんべつ）送り状」がまとまって残されており、ある程度の様子をうかがい知ることはできる。

人別送り状は「宗門送り手形」とか「村送り状」などとも呼ばれる文書である。婚姻や養子縁組、引越などで、よそに籍を移す際に、村役人が移転先の村役人に差し出した送籍状にあたる。送り状と請取状があり、送り状では、村の宗門人別帳から除籍することが記され、請取状では逆に、その村の人別帳へ新たに書き加えることが記される。

箕作村の場合は、正徳二年〜慶応四年（一七一二年〜一八六八年）までの人別送り状が二五四件残されており、そのうち養子縁組や離別などの事由を除いた二〇〇件余りが、婚姻にともなって作成されたものである。これは箕作村に宛てられた送り状（転入）と請取状（転出）を合わせた数になるが、この二〇〇件のうち、越後国の村々との婚姻は全部で八二件確認できる（内訳は❶）。年代に偏りがあり十分な記録とは言えないが、村外の婚姻における実に四割程を越後国が占めていたことになる。

❷はその一例で、文政二年（一八一九年）に越後国魚沼郡外丸村（現新潟県中魚沼郡津南町）の庄屋新左衛門が箕作村の名主三左衛門にあてた人別送り状である。内容は外丸村の枝郷小池の百姓、吉右衛門の娘かん（一八歳）が、箕作村の市郎右衛門方へ嫁いだので、外丸村の宗門人別帳からは除いたことが記されている。また、かんの宗旨は浄土真宗で、延命寺（津南町）の檀家であること

国名	郡名・村名		件数
越後国	魚沼郡の村々 宮野原村、大井平村など ※秋山地域内も含む		74
	頸城郡の村々 須川村、樽田村、真荻平村など		8
信濃国	高井郡	志久見村	34
		東大滝村	12
		箕作村枝郷間	10
		その他（七ヶ巻村など）	5
	水内郡	森村	4
		青倉村	10
		平滝村	18
		白鳥村	13
		西大滝村	8
		その他（桑名川村など）	4
合計			200

❶「島田汎家文書（562）」人別送り状より作成

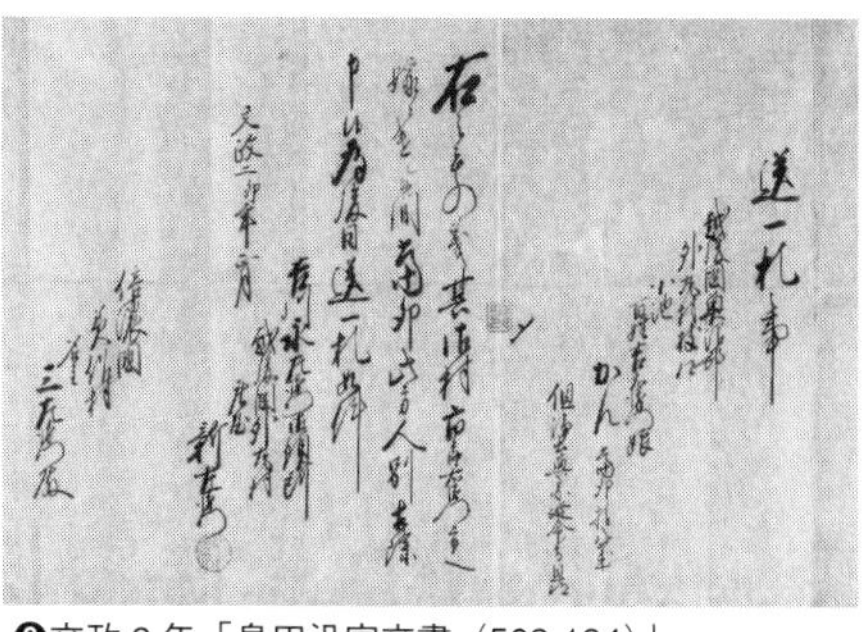

❷文政２年「島田汎家文書（562-134）」
（栄村歴史文化館こらっせ蔵）

もわかる。これは、かんが禁じられているキリシタンではないことをあらわしている。

こうした越後国との婚姻事例は、とりわけ国境線と重なる志久見川をはさんで対岸の越後国魚沼郡宮野原村（現津南町）と箕作村枝郷の長瀬集落とのあいだで目立つ。志久見川流域の民俗調査をまとめた『栄村東部谷の民俗』によれば、昔から長瀬集落では津南町からの嫁入りや婿入りが多く、「村内婚もいくつか見られたが圧倒的に新潟県からの婚入が多かった」と述べられている。こうした述懐は信越国境の村々の民俗誌にはよく見られるもので、この地域の親和性を物語っている。

3、信越国境のチカムカエ

実際に信越国境地域で行われた婚礼に関して、同じ島田家の文書に興味深い史料が残されている。文久二年（一八六二年）の閏八月に箕作村から越後国頸城郡菖蒲村（現新潟県上越市大島区）へ嫁入りした女性がいたようで、❸は婿側の仲人（この地域ではチューニンまたはナカウドと呼ばれる）が、婚礼の手順等を確認するために島田家へ送った文書の一部である。翻刻すると次のようになる。

❸（結婚関係記録）「島田汎家文書（1642）」
（栄村歴史文化館こらっせ蔵）

一、近迎之儀、弥野々海池の中ニ
いたし度候、依之右近迎之
場所迄、人足何拾人出シ可然哉、
御荷物御都合御相談之上、
人足員数被仰遣可被下候

一、右野々海近迎之場所迄、
赤飯六七升ふかし酒五升、
此方ゟ為持出シ候間、其御地ゟも
六七升ふかし酒五升、御持出シ
可被下候、併是も人足之
員数ニより宜敷、私存寄候ハ、
先ツ両方ニ而六拾人くらいニ候ヘハ、
右之積りニ而宜敷奉存候

内容は近迎え（チカムカエ）のやり方について、打ち合わせたものである。史料によれば、まず近迎えの場所としては、野々海池が挙げられている。野々海池は関田山脈の山間、長野県最北部に位置し、嫁ぎ先の菖蒲村からは、野々海峠を越えるとすぐの場所にある。両村の距離を考えると、およそ中間の地点にあたる。この場所で両家が顔を合わせ、嫁方から婿方へ嫁入りの荷物が引き渡されるようだ。そのため、婿方が連れていく迎えの人足が何人必要かを、仲人は相談しているのである。嫁入りの荷物を運ぶ人を、この地域ではニショイとかニソイ、ニハコビなどと呼んだ。このニショイの人数によっては、振舞い物の量も変わる。仲人は婿方から赤飯六、七升と酒五升を用意するので、嫁方も同様にしてほしいと伝えている。これは両家の人足を合わせて、六〇人ぐらいと見積もった場合のようである。おそらく当日は嫁入り行列の見物人をふくめ、野々海池周辺は多くの人で賑わったものと思われる。このように、チカムカエの場所は、嫁側と婿側の境であるのと同時に、両者の交わる場所でもあった。

　長野県下水内郡栄村をはじめ、隣接する新潟県魚沼郡・頸城郡の村々の民俗誌に残るチカムカエの作法も、概ね史料にある通りである。嫁方・婿方双方の中間地点でチカムカエが行われ、持参した赤飯や酒で立ったまま一献が交わされる。見物に来た人にも酒肴がふるまわれ、先の菖蒲村などでは嫁方が「引渡しの歌」、婿方が「受取りの歌」を歌って祝うこともあった。また、秋山地域にはヨメコロバシという習俗が昭和の中頃までは残っていた。嫁の行列が来るのを待ちかまえては、雪の上に嫁を転ばせたり、雪つぶてを投げるといった、ある種の仲間入りの作法もチカムカエのなかで行われていたようである。下水内郡栄村では、チカムカエあるいはチカムケと言って、両家から酒一升を持ち寄り、ニショイや見に来た人に飲んでもらった。どのような嫁が来るのかという意味で、嫁見はムラ内最大の関心事であったともいわれている。

一方、『長野県史』民俗編をみると、長野県内におけるチカムカエの事例は限定的なものである。もちろん、嫁入り行列の一行を婿方が出迎える風習や、婿方がムラ境で荷物を受け取るなどの習わしは多くの地域で見られる。ただ、それをチカムカエと呼んで、儀礼的に行っている地域は少ない。主には北信地方に限られるが、その北信地方にあっても、チカムカエは嫁の荷物が来た時に、一〇〇メートルから五〇〇メートルぐらい手前まで迎えに出ることをいう場合が多く、信越国境地域ほどの意味合いはないようである。

4、むすびに

この地域でも昭和の中頃を過ぎると、嫁入りの荷運びはニショイからトラックに変わり、チカムカエも行われなくなったという。そもそも双方の合意による婚姻が広く認められ、ムラやイエによる婚礼は廃れていった。また、社会構造や地域社会そのものの変容、あるいは社会の画一化によって、婚礼の地域性や地域的偏差も現在は見られなくなってきている。もはや婚姻自体が、私たちにとって自明のものではないともいえる。

ところで、文久二年のチカムカエが行われた野々海池は、「まんが日本昔ばなし」（野々海の物語）でも放送された民話の舞台になっている。これは野々海池に住まう竜神が、自分の娘を越後に嫁がせることを嫌い、争いに発展するという話である。チカムカエも今や昔話と言えなくもないが、地域のつながりをあらわす事例としてここに記しておきたい。

参考文献

・長野県史刊行会『長野県史』民俗編　第四巻（二）北信地方　日々の生活（長野県、一九八四年）をはじめ、同編の東信地方・中信地方・南信地方を参照。
・長野県史刊行会民俗資料調査委員会『県境を越えて』第一集 - 県外調査報告書　北信関係 -（一九八〇年）
・飯山市誌編纂専門員会『飯山市誌』歴史編（下）（飯山市、一九九五年）
・津南町史編さん委員会『津南町史』通史編　下巻（津南町役場、一九八五年）
・松之山町史編さん委員会『松之山町史』（松之山町、一九九一年）
・大島村教育委員会編集・発行『大島村史』（一九九一年）
・埼玉大学文化人類学研究会『栄村東部谷の民俗 - 長野県下水内郡栄村 - 志久見・長瀬・北野・極野』（一九九二年）

※「島田汎家文書」の文書番号は、『島田氏古文書目録』（栄村教育委員会、一九八二年）による。

第2部　信越国境から見渡す宗教と信仰

6

細部を吟味することで見えてきたもの

仏教絵画を解読する
——善光寺式阿弥陀三尊絵像の手指のかたち

【キーワード】
・仏教美術
・多様な印相
・絵像と模刻像

竹下多美

1、はじめに

信濃善光寺の秘仏本尊像を模したとされる、いわゆる善光寺式阿弥陀三尊像（以下善光寺式像）の特徴は、大きさ（中尊一尺五寸、脇侍一尺）、一光三尊（一つの大きな光背に三尊が納まる）とともに印相（手指の形）があげられる。中尊について見てみると、その印相の多くは、右手を挙げ左手を下げるいわゆる来迎阿弥陀の印と共通しながら、左手は全指を伸ばさず、拳を作って第二、三指のみを伸ばすところが特徴的である。こうして第二、三指のみを伸ばす形が五大力菩薩のうちの金剛吼などが示す刀印（剣印）と共通していることから、善光寺本尊は阿弥陀如来でありながら、刀印を結ぶ特別な存在であると喧伝されてきたのである。刀印という呼称については、『善光寺縁起』に承久三年（一二二一）源延が拝した如来像の姿として「左御手如刀印」と言ったのが初めだと思われる。

しかし、善光寺式像のうち特に絵画作例（以下善光寺式絵像）において、この特徴的な刀印とは異なる印相を結ぶものが複数確認されている。本稿では、刀印ではない印相を結ぶ善光寺式絵像について検討することで、善光寺式像のうち特に絵像は、彫刻による模刻像とは異なる展開があった可能性について考えてみたい。

2、刀印ではない印相を結ぶ善光寺式絵像について

善光寺式像の彫刻作例については、全国に約六百件もの模刻像が確認されている（古幡：二〇〇九）。それに対して絵画作例は、近世以降の作例も含めて二十件に満たない数しか確認されていない。そのうち中世の制作と考えられているものは次の八件である。

滋賀・本覚寺本　絹本著色　南北朝時代
愛知・徳川美術館本　絹本著色　南北朝時代
長野市立博物館本❶　絹本著色　室町時代
長野・善光寺大勧進本❷　絹本著色　室町時代
滋賀・高宮寺本　絹本著色　室町時代
米国・フリーア美術館本　絹本著色　室町時代
東京・半蔵門ミュージアム本❸　絹本著色　室町時代
長野県立歴史館本❹　紙本著色　室町時代

他に、中世に遡る版画が次の二件ある。

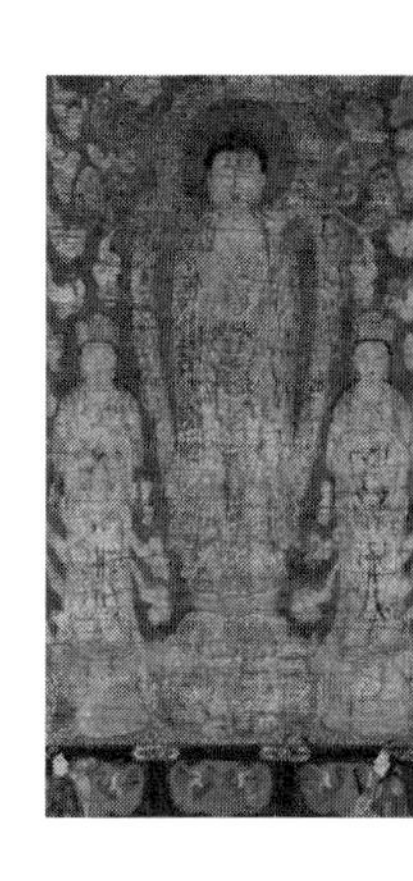

❶長野市立博物館本

❷長野・善光寺大勧進本

❸東京・半蔵門ミュージアム本

奈良国立博物館本　紙本墨摺　鎌倉時代

茨城・妙法寺本　紙本墨摺　南北朝時代

別に、中世に遡る板木が一件ある。

山口・長徳寺蔵　板木　室町時代

表されるモチーフはほぼ共通しており、中央に阿弥陀如来、両脇に観音菩薩、勢至菩薩、三尊を覆う舟形光背とその中の七化仏、方座の前には跪く月蓋長者夫妻（夫妻像がないものもある）。観音と勢至はいずれも両手を重ねた梵篋印を結んでいる。ところが、中尊の印相に異なるものがあり、善光寺大勧進本、フリーア美術館本、半蔵門ミュージアム本、長野県立歴史館本と、版画の妙法寺本の計五件において中尊阿弥陀が刀印とは異なる印相を結んでいる。

中尊の印相を見てみると、右手は肘を曲げて肩の辺りに置いた掌をこちらに向け指先を上にして五指を伸ばしている（❺）。左手は肘を曲げて胸（腹）前で仰掌し、第一・二指で輪を

❹長野県立歴史館本

❺中尊の印相（善光寺大勧進本・部分）

作り残りの三指を伸ばしている。この左手が通例の善光寺式像とは異なる形をしており、胸（腹）前に掌を置くこと、仰掌して第一・二指を捻じる点が特徴的である（妙法寺本は不明瞭）。

この印相を解明する手がかりとして、善光寺大勧進本（以下大勧進本）の裏書墨書に注目したい。大勧進本は、縦八五・五センチメートル、横三六・〇センチメートルの一枚絹の著色画である。絹目は粗い。画面の上下左右はやや余白が狭い感はあるものの、描かれている画題はほぼ残されていると考えられる。中尊・脇侍は金泥により皆金色に表される。絹目や表現様式から、制作年代は室町時代後期頃かと思われる。

本図は近年表装（表具）が新しくされたとのことで、表装の裏に新しい墨書銘があり「恵心筆　長和二年癸丑六月感見尊像／具在集註縁起」と記される。昭和四十四年発行の坂井衡平『善光寺史（上）』に、恵心の参詣についての記述の中で「大勧進伝像長和二年六月感見」として述べられているのが本図のことであろう。坂井氏は『善光寺史』の原稿を昭和十三年には脱稿したというので、おそらく近年の修復前の状態を記していると思われる。そうであるならば、以前の表装にも現在と同様の墨書があり、修復後に書き写されたものと思われる。

墨書の内容を検討すると、「集註縁起」とは大日本仏教全書に所収の『善光寺縁起集註』のことで、これは天明五年（一七八五）に善光寺山内の慈運がまとめたものとされる（倉田：二〇〇一）。

恵心僧都源信（九四二〜一〇一七）についての該当箇所は巻第五の「恵心先徳参詣之事」に記されている。該当箇所を要約すると、長和二年（一〇一三）に恵心が善光寺に参堂した際、現れた一光三尊の姿を金泥で描き写したというものである。

恵心が善光寺に参詣し金泥図を描いたというのは、自ら阿弥陀来迎図を描いたという伝記もあり阿弥陀信仰で著名な恵心に仮託し、金泥図に権威付けするためのものであろう。ここで言われる金泥図が本図を念頭においたものかどうかは分からないが、少なくとも金泥描きの善光寺式絵像がいつからか善光寺に存在したことは明らかである。『善光寺縁起集注』では金泥図ということが恵心本の特徴とされ印相については書かれないが、大勧進本に見られる刀印ではない印相も含めて恵心本だとされた可能性も考えられるだろう。

この刀印ではない印相については、近世には大勧進方が指導した図像であった可能性が示唆されている（元興寺文化財研究所：一九九八）。大勧進第七三世慶運（一六六四〜一七二九）が行った元禄宝永廻国開帳は、関東から遠く九州・四国をも巡るものであったが、その際開帳先の寺院で配布された善光寺式像の著色版本が伝存している。熊本・荘厳寺と福井・正覚寺で確認された二幅であり、両本ともに本紙に「信州善光寺別当戒善院慶運」と記されている。この二幅における中尊の印相が、刀印ではない印相である。

これら版本の本紙上部には、宝珠形の中に「噞印／本師如来／牛王」と書かれた印が捺されている。「噞印（げんいん）」が何であるか詳細は分からない。「噞」は「ゲン・あぎとう」と読み、魚が水面で呼吸することを意味する。また、「噞」は種字「gam」（香王菩薩・仏眼仏母）や「niam」（持地菩薩）を示すが（密教辞典）、いずれも善光寺仏との関連は考えにくい。刀印は剣印とも言い換えられるので（密教大辞典）、単に似た字を当てて刀印のことを指していたのかもしれない。いずれにせよ、本師如来＝善光寺如来のことを象徴して「噞印」という言葉が用いられており、やはり、善光寺式阿弥陀三尊像にとって印相は最重要の要素なのである。それではなぜ、慶運一行は刀印ではない印相の善光寺式絵像を配布したのであろうか。

おそらくは、金泥描きの大勧進本、あるいは金泥図としての恵心本が当時の大勧進において重視され、少なくとも善光寺式絵像については、刀印ではない印相の阿弥陀を中尊とする図像を用いる時期があったということであろう。

刀印ではない印相を示す中世の作例の中では、版画の妙法寺本が南北朝時代と最も古く、絵像四作例はいずれも室町時代後半頃の作だと思われるが、それぞれの影響関係は不明である。刀印ではない印相の形は共通しているものの各作例は細部において相違を見せている。例えば光背を見ると、大勧進本と歴史館本は丸みを帯びながら先端だけ尖らせるのに対して、フリーア美術館本と半蔵門ミュージアム本は先端に向かって光背上部全体を尖らせている。また、脇侍（わきじ）の宝冠の形を見ると、大勧進本と歴史館本、フリーア美術館本は宝冠の上部と下部でそれぞれ一対ずつ蕨手状の装飾を長く伸ばした三面頭飾（とうしょく）を戴くが、半蔵門ミュージアム本は通例のとおり山形宝冠を被っている。（妙法寺本については図像が不明瞭。）また、先述の熊本・荘厳寺本と福井・正覚寺本は、大勧進本・歴史館本とこれらの図像が共通している。

これらから、刀印ではない印相が共通しているものの、細部において違いがみられ、それぞれ別の祖本に基づいて描かれたことが想像される。しかしその中で、大勧進本と歴史館本は比較的近い関係にあり、また、荘厳寺本と正覚寺本も同じ系統に入るということができる。中世に遡る善光寺式絵像の数が少ないため明確には言えないが、南北朝時代頃までに刀印ではない印相の善光寺式絵像が描かれ、少なくとも、室町時代から江戸時代頃の大勧進において重視された図像であったことが想像される。

3、阿弥陀の転法輪印（てんぽうりんいん）

先ほどから回りくどく刀印ではない印相と呼んできたこの印は何なのか。周知のとおり、古代より信仰を集め続けた阿弥陀如来の造形作例には多種多様な印相が見られる。大きくは定印（じょういん）・転法輪印・

来迎印の三種類に分けられるが、絵像としての阿弥陀来迎図に見られるのは転法輪印と来迎印が多い。

転法輪印は説法印とも呼ばれ、釈迦如来が説法をする姿として釈迦如来像に見られる印相だが、阿弥陀如来が極楽浄土で説法をする姿として阿弥陀如来像にも見られる。転法輪印は両手とも親指と他のいずれかの指で輪を作り、両手を胸前に立てて掌を正面に向ける形が一般的だが、一部の作例で右手は胸前に立てて掌を正面に向け、左手を胸前で水平に仰掌させる形がある。

この転法輪印の変形を表す作例としては、和歌山・有志八幡講十八箇院蔵「阿弥陀聖衆来迎図」（十二世紀）の向かって左幅の上方に描かれる阿弥陀三尊や、福井・安養寺蔵「阿弥陀二十五菩薩来迎図」（十二〜十三世紀）などがあり、いずれも右手を立てて左手は胸前で仰掌する。

この印相は伝存する阿弥陀来迎図の中で決して数は多くないが、中国・南宋時代（一二二七〜一二七九）の張思恭筆、京都・廬山寺蔵「阿弥陀三尊像」や、同筆とされる、大阪・個人蔵「阿弥陀三尊来迎図」、またやや時代が下るが、韓国・高麗時代の東京・根津美術館蔵「阿弥陀如来像」（大徳十年・一三〇六）や奈良・松尾寺蔵「阿弥陀八大菩薩像」（十四世紀）に類似の印相が見られることから、大陸から影響を受けた印相が日本でも行われていたと考えられる。

以上から、善光寺式絵像に見られる刀印ではない印相は、日本の阿弥陀来迎図や、大陸の阿弥陀如来図に見られる阿弥陀の転法輪印だと考えられる。では、善光寺式絵像の一部に阿弥陀の転法輪印が用いられたのはなぜだろうか。

4、阿弥陀の転法輪印が使用された背景

善光寺信仰の隆盛は、治承三年（一一七九）の火災からの再建を、源頼朝が命じたことに始まるというのは広く認められている。建久二年（一一九一）の再建供養後、善光寺信仰は十三世紀前半に広まり始めると考えられているが、善光寺式像の造像数の増加は十三世紀後半を待たなければならないとされる。この時期の増加の一因として、建長四年（一二五二）に鋳造が始められた神奈川・高徳院蔵「銅造阿弥陀如来坐像（鎌倉大仏）」に携わった、西国の鋳物師集団の関東への土着化が関わることが指摘されている（馬淵：一九九八）。

なお、この鎌倉大仏は善光寺信仰のもとで造像されたと考えられている（牛山：二〇〇二）。本像は阿弥陀の定印を結んでおり、一見して善光寺式像とは異なるが、衲衣を両肩に着ける通肩という特殊な着衣方法が善光寺式像と共通しており、造形上にも善光寺式像の特徴が見られることが指摘されている（武笠：二〇〇九）。

これは善光寺信仰のもとで造られながら印相が異なる例だが、この他にも、頭髪を通例の螺髪とせずに清涼寺式像に見られるように縄目状（波状）としたり、脇侍宝冠を筒形（四角・六角・八角・円筒）とする、あるいは山形とするなど、一口に善光寺式像といっても多様な造形があり、それぞれ清凉寺釈迦像が持つ生身仏としての性格が付与されることや（奥：二〇〇五）、本尊が秘仏であるため模像制作時に古代の金銅仏を参考にした、あるいは当時の密教的知識で解釈した（西

川：一九八二）などとその多様化の理由が説明されている。

善光寺式絵像については、版画としての作例が現存最古のもので、十三世紀中頃の制作と考えられている奈良国立博物館本がある。刀印を結ぶ通例の印相で表されるが、三尊の前に男女像（月蓋長者夫妻）を描かない点が他の善光寺式絵像と異なっている。

その後十四世紀初頭に現存最古の肉筆（にくひつ）絵像である根津美術館本が登場する。ここでは三尊の手前に供養する男女像が描かれている。この男女像については、同じく十四世紀初頭の制作と考えられている高麗仏画の「弥勒下生変相図」（京都・知恩院蔵）に、同様の男女像が描かれることが指摘されている（古幡：二〇一一）。

この男女像については、南北朝時代制作とされる徳川美術館本と本覚寺本には見られず、説話的モチーフが描かれない原初的な表現をとどめた図像だと考えられている（安藤：二〇一九）。

また、やや時代が下り南北朝時代制作とされる、愛知妙源寺蔵「善光寺如来絵伝」は、第一幅の画面中段左に描かれた阿弥陀三尊の姿が、通例の一光三尊の形式に基づく三尊並列で描かれず、観音・勢至が舟形光背から外れて、阿弥陀の前方に出るように描かれており、当時流布していた阿弥陀来迎図の構図が影響していると想像されている（古幡：二〇一一）。

これらから、彫刻の模刻像において多様な像容が見られるように、絵像においてもまた模刻像とは異なる文脈で様々な図像が形作られることがあったと想像される。本稿でとりあげている刀印ではない印相（転法輪印）の登場は、現存作例においては南北朝時代まで待たなければならないが、こうした善光寺式像に見られる多様性の一として考えることができるだろう。

5、おわりに

善光寺式絵像において、彫刻の模刻像にはあまり見られない刀印ではない印相が用いられることについて、南北朝時代から確認されること、特に室町時代から江戸時代頃の大勧進で用いられたこと、また来迎図との比較から転法輪印であると考えられること、さらに善光寺式像が示す多様性の一として捉えられることを考察してきた。

なぜ転法輪印なのかについて本稿では明確な解答を持たないが、転法輪印は阿弥陀仏が極楽浄土で説法する姿であり、新仏として此岸にとどまった善光寺秘仏本尊に対して、本仏としての阿弥陀仏の像容を意識的に表したものかとも想像される。

なお、転法輪印を結ぶ善光寺式絵像は、江戸時代の御影（みえい）札（版画）でも確認することができる。作例を挙げると、先述の坂井論文に「善光寺本尊御影御中丈」とされる作例とその他計二例、早稲田大学図書館蔵「善光寺信仰資料」の中に「川口善光寺」と発行寺院名が記されるものが一例（吉原：一九九四）、長野市立博物館蔵一例（❻）などがある。川口善光寺発行の御影札から分かるように、新善光寺でも転法輪印姿の善光寺式像が用いられたのであり、一定の広がりが想像される。

❻長野市立博物館本（版本）

彫刻の善光寺式像に対して善光寺式絵像は現在確認されている数が圧倒的に少ないため、善光寺式像の研究において模刻像の陰に隠れている感があるが、絵像には模刻像とは異なる独自の展開があった可能性について考える必要があるように思う。そのためには版画作例を含め、善光寺式絵像のさらなる発見及び検討が望まれる。

参考文献
・山本泰一「善光寺縁起絵と善光寺如来画像―根津美術館蔵善光寺縁起絵に描かれた如来画像をめぐって―」（『金鯱叢書』第三号、一九七六年）
・西川新次・関根俊一「善光寺三尊像の形式を巡って―千葉県下の遺品を中心に―」（『三浦古文化』三二号、一九八二年。後に西川新次『日本彫刻史論集』中央公論美術出版、一九九一年に所収）
・中野玄三『来迎の美術』（同朋舎出版、一九八五年）
・光森正士『阿弥陀如来像』（『日本の美術』第二四一号、至文堂、一九八六年）
・吉原浩人「早稲田大学図書館蔵　善光寺信仰資料考・附解題」（『早稲田大学図書館紀要』第三九号、一九九四年）
・奈良国立博物館『東アジアの仏たち』（一九九六年）
・『前近代における地方間文化交流の研究調査報告書』（元興寺文化財研究所、一九九八年）

・馬淵和雄『鎌倉大仏の中世史』（新人物往来社、一九九八年）
・倉田邦雄・倉田治夫編『善光寺縁起集成Ⅰ―寛文八年版本』（龍鳳書房、二〇〇一年）
・牛山佳幸「鎌倉・南北朝期の新善光寺（上）」（『寺院史研究』六、二〇〇二年）
・奥健夫「生身仏像論」（長岡龍作編『造作の場』講座日本美術史 第四巻、東京大学出版会、二〇〇五年）
・神奈川県立歴史館『宋元仏画』（二〇〇七年）
・武笠朗「善光寺信仰とその造像をめぐって」（『仏教芸術』三〇七号、二〇〇九年）
・内田啓一「根津美術館蔵善光寺如来縁起絵」（『仏教芸術』三〇七号、二〇〇九年）
・古幡昇子「善光寺式阿弥陀および脇侍像現存作例一覧概要」（『仏教芸術』三〇七号、二〇〇九年）
・古幡昇子「善光寺式阿弥陀および脇侍像の造形について―鎌倉時代の作例を中心に―」（『昭和女子大学文化史研究』一四号、二〇一一年）
・瀧川和也「一光三尊像について―真宗高田派と善光寺式阿弥陀三尊に関する覚書―」（『高田学報』一〇一号、二〇一三年）
・『長野市立博物館所蔵資料目録　歴史一四　善光寺信仰関係資料』（長野市立博物館、二〇一四年）
・安藤香織「善光寺式阿弥陀三尊絵像に関する試論―徳川本を起点に―」（『金鯱叢書』四四号、二〇一九年）

図版出典
図❶、❷、❹、❺は筆者撮影、❸は半蔵門ミュージアム提供、❻は『長野市立博物館所蔵資料目録　歴史一四　善光寺信仰関係資料』より転載。

謝辞
本稿を執筆するにあたり、御所蔵者である善光寺大勧進様、長野県立歴史館様、半蔵門ミュージアム様には、調査や写真掲載など全般にわたって、格別の御高配を賜りました。末尾ながらここに記して深く御礼申し上げます。

7

異なる信仰の深層に共通する歴史と伝統

二つの霊山と一人の僧
――山岳信仰を護持した宝蔵院俊海

【キーワード】
・山岳仏教
・戸隠山と妙高山
・祭礼の継承

佐藤慎

1、戸隠山と妙高山

古くから霊山として信仰されてきた戸隠山（長野県長野市・標高一九〇四メートル）と妙高山（新潟県妙高市・標高二四五四メートル）は、長野県と新潟県の県境を間に置いて向かい合って存在する。信越国境地域は良質な温泉場を多く抱える火山地帯であるため、この二つの山は一連の火山活動で形成されたかのように思えるが、実は全く異なる地殻変動によって形成された山である。妙高山は度重なる噴火活動で誕生した火山であり、戸隠山は海底が隆起して誕生した非火山である。

この山の成り立ちの違いによって、中央火口丘と外輪山から成る山容が三尊仏の姿に見える妙高山（❶）は、温泉が湧き出す山腹を地獄、山頂部を阿弥陀浄土とする仏の世界として語られ、切り立った岩壁が連なる戸隠山は（❷）、天の岩戸に見立てられ、古事記や日本書紀に記された神々の世界として語られてきた。

❶妙高山

❷戸隠山

2、宝蔵院俊海

中世末の信越国境は、武田氏と上杉氏が北信濃の領有をめぐって軍事衝突を繰り返していた紛争地帯であり、武田氏の侵攻によって戸隠山の衆徒の一部が春日山に拠点を移す等、国境を越えた山岳仏教勢力の移動がみられた。後に戸隠では社殿が再建されて衆徒が帰山するが、近世に入っても戸隠の別当は越後国の関山（妙高山信仰の拠点）、春日（春日山の麓）、五智（越後国府の近郊）等の有力寺社に対して大きな力を保持し、その信仰を護持する立場にあった。この時代に戸隠山と妙高山の信仰を護持し、その別当を兼任した人物が、本章で取り上げる宝蔵院俊海である。

俊海は戸隠山では顕光寺第四八代別当、妙高山麓の関山では、宝蔵院第二世院主に数えられる。

このときの俊海が奥院・中院・宝光院の三院から成る顕光寺において宝蔵院を名乗っていたのは、俊海が越後国関山の出身であったからではなく、中世末から近世初頭にかけて、信越の有力寺社の別当職を兼任した人物が院号として用いていたのが、他でもなく宝蔵院の院号であったからである。この宝蔵院の院号は、俊海の没後から公家の猶子を別当に迎えることになって寺格を上げた戸隠では本坊の名称としては受け継がれず、俊海を中興開基とする関山において定着した。

俊海に関する同時代史料は、俊海が戸隠山の別当であった寛永年間のものが戸隠に伝来している。寛永十年（一六三三）二月、天海は宝蔵院俊海に対して、「五智・愛宕・蔵王・戸隠等の堂舎を再興・修理した功績を称え、色衣の着用を認める」という旨の感状を与えている。

3、二通の書状から見える俊海の素性

平成三十年の十月、宝蔵院第一八世が明治時代に還俗して興した関山家の資料の中から、俊海に宛てたとみられる二通の書状（❸）が見つかった。書状はいずれも「智楽院僧正」が「宝蔵院」に送ったものであり、書状の内容は一言でいうと、智楽院が江戸から離れたところに居る宝蔵院に消息を尋ねたご機嫌伺いである。その日付は一通目が「夘（卯）月六日」、二通目が「五月十七日」であり、その間に宝蔵院は智楽院に対して返書を送っている。二通目の書状には、宝蔵院の体調が湯治によって良くなったことや一緒にいる妙徳院も息災であるという宝蔵院の知らせに触

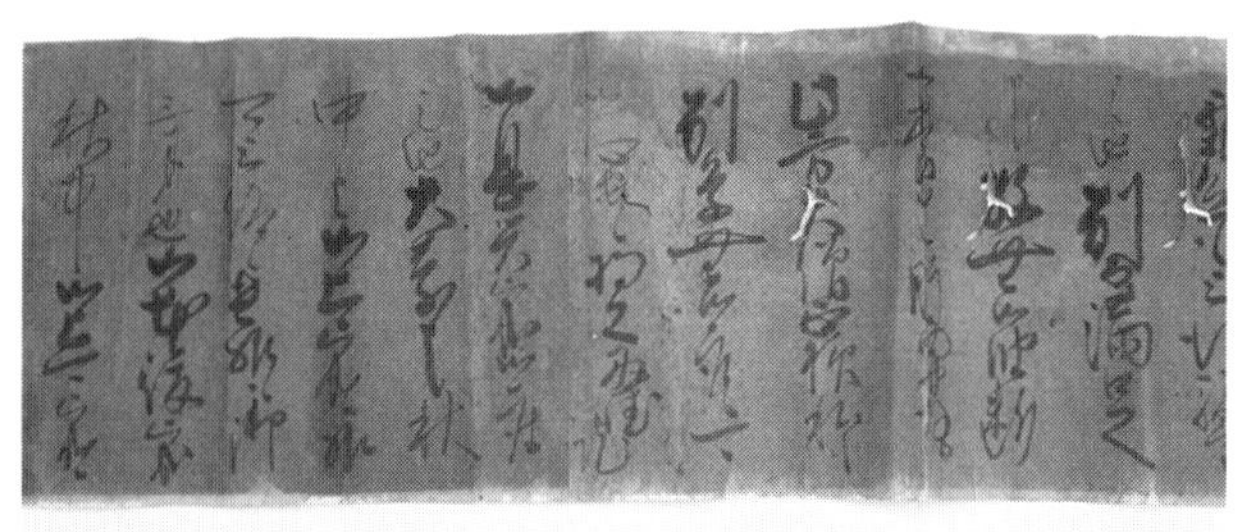

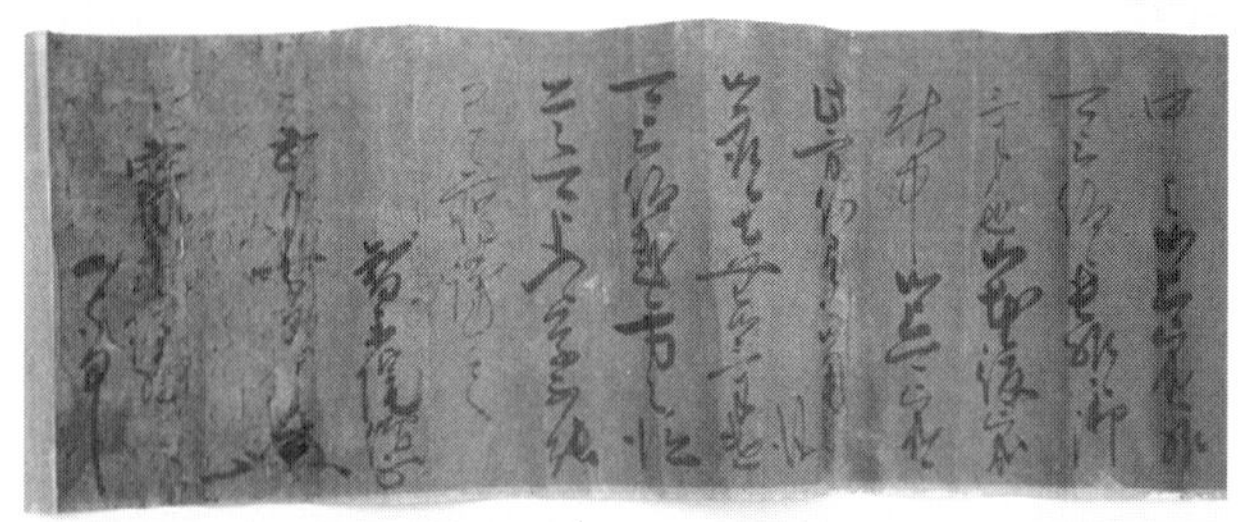

❸関山家の資料から発見された俊海宛の書状

れ、大いに喜ばしいと記している。他方、智楽院も自身や大僧正が息災であることを報告し、秋になって宝蔵院が妙徳院とともに江戸に上ることを心待ちにしていると伝えている。この書状を解読した宇高良哲氏は、登場する智楽院僧正は浅草寺別当の忠尊（ちゅうそん）、宝蔵院は俊海、大僧正は寛永寺を開山した天海（てんかい）、書状の年代は寛永十年（一六三三）が有力であるとした。この年代観は俊海が戸隠と関山の別当を兼任していた時期と見事に一致している。二通の書状からは、忠尊と俊海が私的な書状を取り交わすほど親しい間柄であったことがわかる。

もう一人の登場人物である妙徳院に関しては、先行研究によって北条家の一門に当たる遠山康光（とおやまやすみつ）の娘であり、謙信の養子として越後に下向（げこう）した上杉景虎（うえすぎかげとら）の側室であったことが明らかにされている（黒田：一九九七ほか）。妙徳院は景虎の死後に出家し、尼僧として俊海と行動を共にしたとみられる。引用された「牛込文書」の「遠山系図写」には、康光の妹（娘の誤り）の傍注に「長尾景虎の長子ノ室、女子一人生テ夫早世ニ付尼ニ成、越後蔵王堂・五智・春日・関山権現・戸隠五ヶ所別当ニ備リ、妙徳院ト号、九十五歳ニテ卒ス」とある。

加えて、この黒田論文で注目されるのは、俊海と書状を交わした忠尊を遠山綱景（つなかげ）（康光の兄、妙徳院の伯父）の外孫（そとまご）としているところである。復元された遠山氏の系図には、世代の古い順番に忠善、忠孝（忠豪）、忠尊という「忠」を通字（とおりじ）とする人物が見られ、忠尊を除く二人も浅草寺の本坊（別当）の名であった観音院を名乗っている。妙徳院と忠尊が同じ遠山氏の一族であったということは、妙徳院と行動を共にし、互いの体調を気遣う関係にあった俊海もまた、遠山氏の一族であったのかもしれない。戸隠山顕光寺の歴代別当の系譜をまとめた「戸隠山神領記」は、俊海を北条氏の生まれで上杉謙信の姪（甥）であると記している。この時代の越後に、北条氏と上杉氏の両方に関係する人物が上杉景虎や妙徳院の他にもう一人存在したとしても不思議ではない。

4、共通する山岳信仰の伝統

戸隠山顕光寺の別当と妙高山雲上寺宝蔵院の院主は、俊海が別当を退任した後も師弟関係等を通して密接な関係にあったとみられ、元禄十五年（一七〇二）には宝蔵院第六世子義（しぎ）が戸隠に転住し、顕光寺第五二代別当に就任している。正徳二年（一七一二）の関山権現の祭礼に戸隠から衆僧が派遣された記録もあり、両者の交流は続いていた。実際に、現在の関山神社の祭礼で奉納される「仮山伏（かりやまぶし）の棒遣（ぼうつか）いと柱松行事（はしらまつぎょうじ）」（❹）は、松代藩真田家（まつしろはんさなだけ）に伝わる「戸隠祭礼図巻」に描かれた長刀演武や柱松への点火競争とかなり類似しており、柱松行事の部分については、その祖型を一五世紀中頃に成立した『戸隠山顕光寺流記（るき）』の記述の中に求めることができるという（由谷：二〇〇六）。異なる信仰観で語られてきた戸隠山と妙高山は、その信仰の深層に共通する歴史や伝統を秘めているのである。

❹「仮山伏の棒遣いと柱松行事」のうち、棒遣いの演武

参考文献

・黒田基樹「第八章　江戸遠山氏の族縁関係について」『戦国大名領国の支配構造』（岩田書店、一九九七年）

・由谷裕哉「第４章　松引き（柱松神事）」『関山神社火祭り調査報告書』（仮山伏保存会・妙高市教育委員会、二〇〇六年）

・妙高市教育委員会『妙高山雲上寺宝蔵院日記の風景』（二〇一〇年）

・井原今朝男「戸隠・飯縄の修験　―戸隠修験は何処を目指したか―」『戸隠信仰の諸相』（戸隠神社、二〇一五年）

8

信仰と交通の要をめぐる

北国街道をゆく江戸時代の巡拝者たち
――「二十四輩巡拝」ルートについて

【キーワード】
・交通と宗教
・親鸞信仰
・旅行案内書

渡部浩二

1、はじめに

信越国境を結ぶ幹線道路である北国街道は、様々な物資の輸送や人々の移動に重要な役割を果たしてきた。江戸時代には、佐渡で産出された金銀を江戸へ輸送する道、加賀藩をはじめとする大名の参勤交代の道、または善光寺や戸隠（ともに長野市）へと通じる参詣の道としての役割などがよく知られている。

当然ながら、街道の役割は時代や時期によって変化する。江戸時代中期以降になると、新たな目的で信越国境地域を訪れる人々が増えてきた。そのひとつに、浄土真宗の開祖親鸞およびその高弟二十四人ゆかりの遺蹟などを巡る「二十四輩巡拝」を目的とした人々がいる。本稿では、そのような「二十四輩巡拝」の道としての信越国境地域の一端をみていきたい。

なお、北国街道は江戸時代を通じて様々な呼び方があり、その示すルートにも複数あった。ここでは中山道追分宿（長野県軽井沢町）から善光寺を経て越後高田（新潟県上越市）方面に抜ける街道および、中山道洗馬宿（長野県塩尻市）から松本（松本市）・篠ノ井（長野市）を経て善光寺へ通じる北国西街道や矢代（千曲市）から松代（長野市）を経て牟礼（飯綱町）に通じる北国街道松代道を含むものとする。

2、「二十四輩巡拝」の隆盛

江戸時代には、西国三十三ヶ所巡りをはじめとして、宗教的な遺蹟巡拝の旅が庶民の間でも盛んとなった。親鸞およびその高弟二十四人ゆかりの遺蹟などを巡る「二十四輩巡拝」もそのひとつである。越後は、親鸞が建永二年（一二〇七）に配流されてから建保二年（一二一四）までの約七年間滞在した地でゆかりの遺蹟も多く、二十四輩巡拝の目的地のひとつであった。また、親鸞は赦免後、関東に赴く際に善光寺へ立ち寄ったともされ、関東における門弟善性の法流は、のちに信濃を経て上越地方に展開するなど、信濃にもゆかりの遺蹟が多い。

江戸時代中期以降、巡拝者が増加したことを示す資料をいくつかあげてみよう。安永五年（一七七六）、越後高田城下にほど近い薄袋村（上越市）の真宗宝善寺から、木田新田（上越市）追分に道案内の石碑を建てたい旨の願書が出された。その理由は、同寺宝物の親鸞自作の木像に参詣するため諸国の門徒が訪ねてくるが、北国街道からはずれていて道がわかりにくいから、というものであった。また、寛政七年（一七九五）に名立谷田野上村（上越市）で病死した周防国出身の禅門浄林は、二十四輩巡拝の旅の途中であった（上越市史編さん委員会：二〇〇四）。寛政十一年（一七九九）、金沢の商人田上屋道助が上越地域の親鸞遺蹟や信濃の善光寺を参詣した旅もこれに類するものである（鈴木：二〇一五）。

3、「二十四輩巡拝」案内書類のなかの信越国境

江戸時代には旅の隆盛に伴い、多様な旅行案内書類が刊行された。二十四輩巡拝にかかわる刊行書としては、享保十六年（一七三一）の竹内寿庵『親鸞聖人御旧蹟并二十四輩記』が、その前年に達成された信越地域を含む実際の巡拝の記録であり、同時に初めての道中案内記を兼ねたものとされている。

そして、宝暦五年（一七五五）には遠江国掛川の紅（江）玉堂楓司が『親鸞聖人御旧跡廿四輩巡拝記』を著した（❶）。本書は、旅行者の実用を目的とした案内書のひとつで、宝暦十一年（一七六一）の親鸞五〇〇年遠忌を契機とする二十四輩巡拝の隆盛を当て込んだものともみられている。旅の携帯に便利な小型の本で、宝暦十年（一七六〇）、享和元年（一八〇一）と何度か版を重ね、広く流布したようである。本書の示す巡拝行程の概要は、京都を出発し、北陸から越後・信濃・上野・下野などを巡って南部の盛岡を経由、奥州街道を南下して日光から江戸に入り、東海道・中山道を経て、再び京都に戻るというものである。信越国境地域についてみると、越後の高

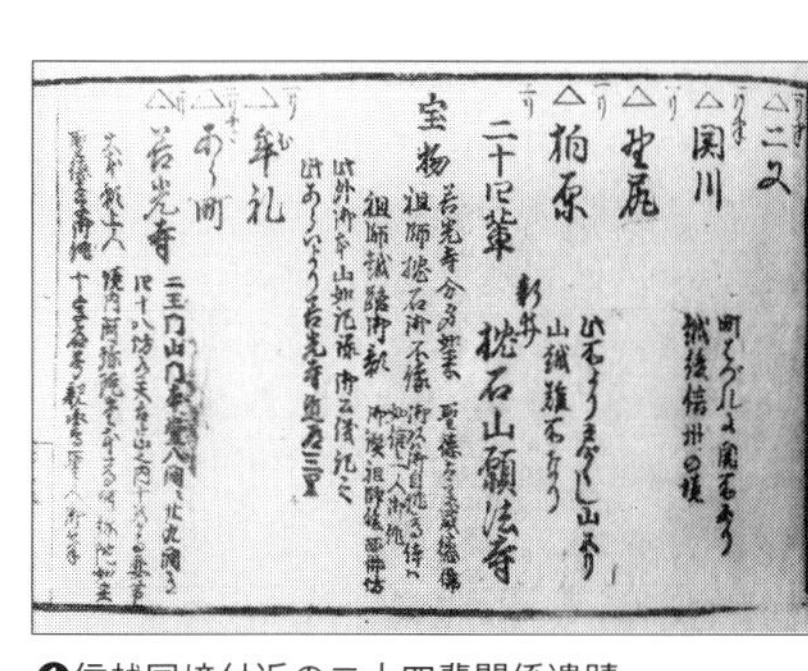

❶信越国境付近の二十四輩関係遺蹟
（『親鸞聖人御旧跡廿四輩巡拝記』新潟県立歴史博物館所蔵）

田・荒井（妙高市）から関川関所を越えて信濃に至り、柏原（信濃町）・善光寺・丹波島・篠ノ井・松代・長沼・南堀（ともに長野市）などを経て善光寺へ戻るルートや、善光寺へ戻らず松本・坂木（坂城町）・戸倉（千曲市）・松代と巡って越後高田へと戻り、薄袋（前述した宝善寺の親鸞自作木像についても触れている）・今町・黒井・潟町・柿崎（ともに上越市）と、北国街道を北上する遺蹟巡りが案内されている。また、別ルートとして高田・戸隠・善光寺と参詣した後、飯山（飯山市）経由で信越国境の藤沢峠（難所なので案内人が必要。十～三月は雪深く往来なしとある）を越え、須川・安塚・浦川原（ともに上越市）を経て柿崎（上越市）に至れば、高田に再度戻るよりも二里の近道だとも記している。

この後も二十四輩巡拝関係の案内書類の刊行は続き、明和四年（一七六七）には近江国八幡の嶋屋長次が『親鸞聖人御旧跡二十四輩参詣記』を著し、版を重ねた。本書も携帯実用の便が考慮された小型の本である。凡例によれば、二十四輩巡拝の流行を述べて、自ら宝暦七年（一七五七）、同九年（一七五九）、同十三年（一七六三）、明和二年（一七六五）の計四回にわたって、それぞれ

【表】『親鸞聖人御旧跡二十四輩参詣記』のルート（高田〜松本）

地名	寺院など	宝物など
高田	本誓寺	川越の名号（聖人の御筆）など
高田	性宗寺	本尊は聖人 35 歳の御姿
高田	浄与(興)寺	
高田	常敬寺	本尊（聖人の御作）
高田	東方御坊	宝暦 4 年 (1754) 建立
高田	瑞泉寺	本尊（春日の御作）など
荒井	東方御坊	
柏原	明専寺	十字名号（聖人の御筆）など
新井	願法寺	二十四輩。祖師枕石御木像など
平出	藤兵衛	九字名号（聖人の御筆）など
長沼	西厳寺	蓮如上人御旧跡。宝物いろいろ
南堀	長命寺	二十四輩第 19 番目。九字、十字名号など
柴	阿弥陀堂	十字名号（聖人の御筆）
松代	本誓寺	二十四輩第 20 番目。宝物いろいろ
塩崎	広(康)楽寺	愚禿の御影（聖人の御筆）など
松本	長称寺	二十四輩第 23 番目
松本	正行寺	
篠ノ井		
丹波島		
善光寺	善光寺	
善光寺	堂照坊	笹の名号（聖人の御筆）
柏原		
戸隠	戸隠神社	聖人参詣
柏原		
高田		

一二〇〜一二五〇日もかけて実際に踏破して道順を確かめたという。信越国境地域についてみると、高田・荒井から関川関所を越えて信濃に至り、柏原・長沼・南堀・松代などを経て松本に至る関連遺蹟を示し、その後は、篠ノ井・丹波島・善光寺・柏原・戸隠を経て高田に戻り、潟町・柿崎と、北国街道を北上する遺蹟巡りが案内されている（【表】）。なお、松本からは、小諸（こもろ）・追分（おいわけ）・軽井沢（かるいざわ）・松井田（まついだ）・安中（あんなか）・前橋（まえばし）などを経て関東の関連遺蹟に至る道案内も記している。

一方、巡拝者が携帯するものではなく、巡拝の旅の前後に、あるいは巡拝しない人も含めて見て楽しむ図入りの大本（大型本）も刊行された。寛延四年（一七五一）『親鸞聖人御旧跡図彙』は、山田信斎なる人物の著で、自序によれば信斎の母は熱心な真宗門徒で、親鸞の遺蹟を巡拝したいと願っていたが、八十歳を過ぎて老齢となった。よって、代わりに信斎に巡拝させ、それらの姿を描いてきて見せるように懇願した。実行すると母は非常に喜び、己と同様の境遇の人々のために公刊することを命じたという。近江・北陸・越後・信濃・奥州・関東を廻って、相模国高津信楽寺に至るまでの遺蹟を彩色の図入りで描いている（❷）。信越国境地域についてみると、越後国頸城郡大曲村念仏堂の次に信濃国の三ヶ寺（更科郡塩崎角間村康楽寺、松代本誓寺、水内郡南堀村長命寺）を載せ、その後再び越後に戻り、高田瑞泉寺、柿崎村浄福寺といった遺蹟を載せている。

享和三年（一八〇三）には、河内国専教寺（真宗大谷派）の了貞著『二十四輩順拝図会』前編五巻が刊行されて広く流布した。巻之三・四では越後の、巻之五では信濃の関係遺蹟の多くが図入りで詳細に示されている。ここでも越後高田から信濃善光寺を経て松本を巡り、松本からは浦野（上田市）・坂木・戸倉を経て再び善光寺へ出て、元の街道を越後高田に戻って下越後を巡り、出羽へ至るルートを紹介している。また、越後の遺蹟を巡拝した後、高田から信濃に入り、松本から関東方面を巡るルートも紹介している。

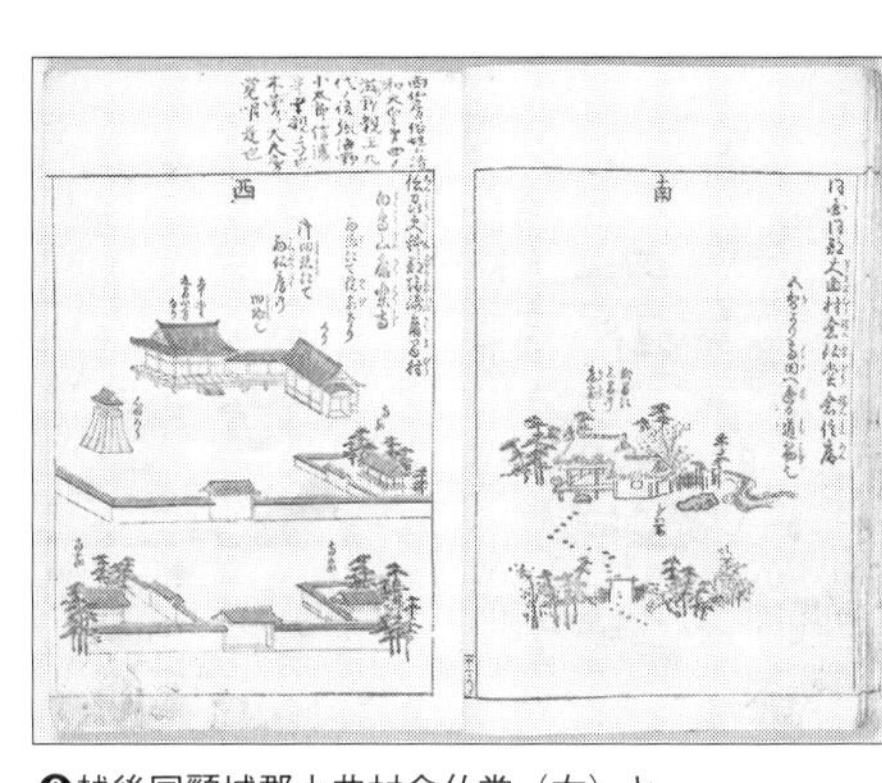

❷越後国頸城郡大曲村念仏堂（右）と
信濃国更科郡塩崎角間村康楽寺（左）
（『親鸞聖人御旧跡図彙』新潟県立歴史博物館所蔵）

4、おわりに

本稿で示したように、江戸時代中期以降になると、案内書の刊行もあって「二十四輩巡拝」を目的に信越国境地域を往来した旅人は増加した。信越国境の北国街道は、浄土真宗・親鸞というキーワードでも結ばれていた地域ともいえよう。そして、十九世紀以降になると通行量のさらなる増加がみられたと考えられる。東北地方の人々の間にも伊勢参宮・西国巡礼が盛んになると、往路や復路に北国街道が利用され、善光寺はその通過点にある重要な参拝地ともなった。また、関東地方の人々の間で出羽三山参詣の旅が盛んになると、その往路には板東札所・秩父札所・善光寺などを含み、信越国境の北国街道を経由して日本海沿いを越後から出羽に向かった。信越国境地域には、このように様々な目的で、各地からの旅人が行き交い、多くの記録（旅日記など）が残されている。これらを集積・分析することで、他国者の視点から信越国境の地域性がより詳細になることを期待したい。

参考文献

・上越市史編さん委員会『上越市史　通史編4　近世二』（上越市、二〇〇四年）
・鈴木景二「金沢商人の上越親鸞旧跡・信濃善光寺参詣記」（『飯綱町の歴史と文化―いいづな歴史ふれあい館紀要』3、二〇一五年）
・長野市立博物館『道が人をつなぐ―北国街道の四〇〇年―』（二〇一一年）
・渡部浩二「江戸時代の旅と越後の名所」（『歴史地理学』五五-一、二〇一三年）

9

神社に関する基礎史料を読みこなす

神社合祀のたどりかた
——妙高市のオンライン神社明細帳を読み解く

【キーワード】
・神社史
・神社の統廃合
・オンライン資料

由谷裕哉

1、新潟県の神社明細帳と妙高市の神社合祀（概略）

本稿は、新潟県の神社明細帳（新潟県立文書館所蔵、オンラインでも公開）を用い、「信越国境」に新潟県側で最も近い妙高市の神社合祀を考察する。まず、「信越国境」と神社との関わり、神社明細帳および神社合祀とは何か、について順に説明したい。

第一に「信越国境」と神社との関わり。新潟県神社庁の公式サイト（妙高市の神社については、「県内神社一覧」→「妙高市」と進む。）によれば、現在の妙高市域にある神社総数は九四社、うち諏訪社もしくは諏訪神社が二三社（約二四・五％）と最も多い。かなり無理があるかもしれないが、「信越国境」に近い妙高市における信州からの影響が神社のあり方に表出している、とひとまず解釈しておく。

第二に神社明細帳とは何か。一般的には、明治一二年（一八七九）の内務省達乙三一号「神社寺院及境外遙拝所等明細帳書式」に基づいて、項目名や用紙などが規定された公文書である。府県別に内務省に提出された。大正二年（一九一三）に内務省令第六号により、一部の項目が除かれた改訂書式が指示され、明治一二・大正二どちらかの書式に基づく神社明細帳が、昭和二六年（一九五一）の宗教法人法施行まで府県の公簿になったとされる（国文学研究資料館：二〇〇四）。

新潟県の神社明細帳は、通説では明治一六年（一八八三）成立とされているが、今回取り上げる妙高市内の神社には明治一七年（旧・妙高村の一部）、同一八年（旧・妙高高原町の一部）と記載される明細帳もある（内務省達に規定された書式では、執筆年月の付記は不要）。後で見るように、その後新たに明細帳が調製された神社も含まれている。なお、戦前まで府県の公簿となっていた神社明細帳は内務省に提出されたものの副本で、現在は各都道府県によって保管場所が異なり、場所が公開されていない場合もある。新潟県のものは幸運にも全てオンラインに公開されており、研究に取り組みやすい環境となっている。

第三に神社合祀とは一般に、明治三九年（一九〇六）の二つの勅令、第九六号「府県社以下神社ノ神饌幣帛料供進ニ関スル件」および第二二〇号「神社寺院仏堂合併跡地ノ譲与ニ関スル件」に基づき、内務省主導で府県を実施主体に行われた神社の統廃合を指すことが多く、本稿でもその意味で使用する（由谷：二〇二〇）。神社の合祀（合わせて祀る）および被合祀による廃祀に関わる情報は、神社明細帳では主として欄外に記された。

これまでの神社合祀研究は、上記のように地方における神社明細帳の保管場所が不明である場合が少なくないこと、明細帳の最初の調製と神社合祀執行との間に二、三〇年の時間差があること、などをおそらく理由として、神社明細帳に追記された合祀廃祀の情報を利用することが稀であった。しかし、新潟県のとくに上越地方においては、これも幸運なことに注目すべき先行研究が複数存在する。

その一つ、妙高市から刊行された『斐太歴史の里の文化史』（二〇一四年、以下『斐太歴史の里』と略記）に掲載の畔上直樹「近現代の地域社会と神社」は、中心市街地であった旧新井町の神社、および斐太神社（同市大字宮内）周辺に立地する神社の明細帳情報を示し、そこにおける神社合祀の情報を分析している。例えば神社の多くが無格社で石祠と記載されていること、合祀されずに存置された無格社に「産土神」であると明細帳に記載されたものが多いこと、消滅したことになっている神社が「生きている」例があること、など。

畔上は、この後も新潟県内の神社合祀に関わる分析を公にしており、それらも大いに参考になる（畔上：二〇一六、二〇二〇）。加えて『斐太歴史の里』も、特論として加えられた「斐太神社の兼務社の祭礼」（同書二二五―二八〇頁）が、妙高市域を中心に立地する兼務社全九六社に関する比較的新しい情報として、有意義であろう。

このように、神社合祀を知る素材として新潟県がオンラインに公開している神社明細帳を利用する場合、優れた先行研究および斐太神社の兼務社情報をも参考にできるのである。以下そのような利点を生かしつつ、「信越国境」に妙高市内で最も近かった旧・妙高高原町、およびそれに次ぐ旧妙

M18(神社明細帳時点)までの行政区画名	M22の町村合併	M34の再合併	T12名香山村の大字名改称	S30
大谷村（明細帳はS11のもの）	境村大字大谷	名香山村大字蔵々（大谷の一部）		妙高高原町
二俣村	妙高村大字二俣	名香山村大字二俣		
田切村	妙高村大字田切	名香山村大字田切		
田口新田村	妙高村大字田口新田	名香山村大字田口新田	田口	
毛祝坂新田村	妙高村大字毛祝坂新田	名香山村大字毛祝坂新田	毛祝坂	
関川村	関川村	名香山村大字関川		
杉野沢村				
一本木新田	妙高村大字一本木新田	名香山村大字一本木新田	赤倉	
兼俣新田	境村大字兼俣新田	名香山村大字兼俣新田	兼俣	

【表1】妙高高原町における町村の編成経緯

高村（一部のみ）の神社明細帳情報に取り組むことにする。

2、旧・妙高高原町の神社明細帳と神社合祀

所在地の行政区画

神社合祀との関係で神社明細帳を扱う場合に難しいのは、明治一二年書式の神社明細帳に載る神社の所在地、とくにそれが含まれる町村が、神社合祀の行われた日露戦後にほとんどの場合変化していることである。一般に、明治二二年（一八八九）に市制町村制によって町村合併があり、地域によってはその後、さらに日露戦争の前に町村の再編成がなされる場合もあった。今回とりあげる旧・妙高高原町は、後者のケースに相当する。それを表に示したのが【表1】である。

【表1】には、続く【表2】の神社の順序通りにその地名の変化を記すことにした。【表2】の神社順序は、神社明細帳の欄外に記されたノンブルの降順とした。その

中頸城郡誌 (1941)	妙高高原町史 (1986)	斐太歴史の里 (2014)
—（明細帳脱漏の為か？）	p.713 上、享和 2 建立、(宮司長嶺氏)	—
p.961、崇敬者 540	p.713 下、S4 再建、S27 に 758 が 759 と 760 を合祀	#26、S4 再建、合祀は S27、被合祀社は 2 基の石祠
p.961、崇敬者 759 と同		
p.961、崇敬者 760 と同		
p.961、大永中勧請と伝、崇敬者 81	p.713 下、T8 建立、T8 に 761 が 762 を合祀	#24、T8 現在地北方の 762 を 761 が合祀
—		
p.961、崇敬者 59	pp.712f.、S12 建立	#28、将軍家斉の頃に祠を建立
p.961、伝・正保 5 創立、崇敬者 35	p.712 下、S19 建立、神明神社、(宮司竹内氏)	—
p.962、崇敬者 84、@宮林	p.712 上、S29 建立	#21、関川下町の天神神社
p.962、崇敬者 101、@赤澤	p.711 下、天神社	#20、関川上町の天神神社
p.962、崇敬者 182、@西谷内	p.711 下、M22 建立	#19、当初は山の神、本殿拝殿は M20, 21 建立
p.961、祭神は大山祇命、伝・文化 13 創立、崇敬者 31	p.714 上、M34 に 770 を合祀、S36 建立	#22,、三社権現社として出る。S36 に社殿建立
p.961、天保 14 創立、崇敬者 31	—	—
p.962、祭神は崇徳天皇、伝・文化 13 創立、崇敬者 178	p.714 上、768 に合祀	#22、三社権現社として金毘羅社に言及
p.962、崇敬者 10	p.713 上、T8 建立、(宮司長嶺氏)	—

他に二社の非宗教法人情報あり

明細帳番号	所在地（「中頸城郡」の後を転記）	社名	社格	明細帳の記載（概要）
326	名香山村大字蔵々（名香山村はM34より）	春日社	無	S11明細帳脱漏編入、永禄3勧請、社殿あり、官432坪、氏子52戸、（社掌長嶺氏）
758	二俣村	神明社	無	もと雑社、「当村の産土神」＊、本社は石祠、官66坪、氏子540戸、祠掌倉科吉信
759	二俣村	熊野社	無	もと雑社、由緒不詳、本社は石祠、官121坪、信徒540人、祠掌同上
760	二俣村	諏訪社	無	もと雑社、由緒不詳、本社は石祠、官84坪、信徒540人、祠掌同上
761	田切村	諏訪社	無	大永元年勧請、「当村産土神」を朱線で削除、本社は石祠（後削除）、T8に762を合併、官310坪、氏子81戸、祠掌倉科吉信
762	田切村	神明社	無	本社は石祠、官118坪、氏子62戸、T8廃、祠掌倉科吉信
763	田口新田村（T12より名香山村大字田口）	神明社	無	本社は石祠、「当村ノ産土神」＊、官180坪、氏子231戸（59戸を削除）、境内社1、神官倉科吉信
764	毛祝坂新田村（T12より名香山村大字毛祝坂）	神明社	無	正保5建立、「当村ノ氏神」「石祠、夜燈アルノミ」、官、氏子35戸、祠掌倉科吉信
765	関川村	天神社	無	本社は石祠、「当村ノ内84戸ノ産土神」＊、官180坪、氏子84戸、神官倉科吉信
766	関川村	諏訪・天神合殿	無	「当村ノ内101戸ノ産土神」＊、官273坪、氏子101戸、神官倉科吉信
767	杉野沢村	八幡社	無	大同元年勧請、「当村ノ産土神」、本社は石祠、官、氏子182戸、神官倉科吉信
768	一本木新田赤倉（T12より名香山村大字赤倉）	大山祇神社	無	もと雑社、祭神は大山祇命、文化13創立、「当村ノ産土神」＊、官69坪、氏子31戸、神官倉科吉信
769	一本木新田赤倉（T12より名香山村大字赤倉）	稲荷社	無	もと雑社、天保14創立、本社は石祠、官69坪、31人、神官倉科吉信
770	一本木新田赤倉（T12より名香山村大字赤倉）	琴平社	無	もと雑社、祭神は崇徳天皇、文化13創立、本社は石祠、民、信徒178人、神官倉科吉信
967	兼俣新田（T12より名香山村大字兼俣）	神明社	無	「当村ノ産土神」＊、本社は石祠、官、氏子10戸、（祠掌長嶺氏）

＊朱字での追記

【表2】旧・妙高高原町の神社明細帳情報など

ノンブルを【表２】の第一列に置いた。

【表１】の第一列「M18（神社明細帳時点）までの行政区画名」は、神社によってはその年が明細帳に明記されている明治一八年時点までの行政区画名である。この列は、旧・妙高高原町域の神社明細帳を表に示した【表２】の二列目「所在地」と対応する。これは新潟県の神社明細帳の所在地項目に、「中頸城郡」の後に記された村名のみを採ったもので、村名の後に付いている字名は省略している。なお、〇〇村大字△△、のように「大字」という語が登場するのは、明治二二年以降である（「字」は近世より）。

もっとも、【表２】で最初に登場する326春日社は明細帳が脱漏の為に昭和一一年（一九三六）に新たに調製された旨記されているので、その時点での地名「名香山村大字蔵々」が記されている。【表１】の冒頭行のように、その明治一八年時点での地名は大谷村であった。

【表１】の第二列、明治二二年に一回目の町村合併があり、第一列の九村は、境村、妙高村（昭和三〇年に成立した妙高村とは別）、関川村、杉野沢村、という四村に編成された。この後、二回目の町村再編成として、明治三四年（一九〇一）に妙高村、関川村、および境村の一部が合併して名香山村となり、このエリアは杉野沢村と併せた二村となった。

その後、大正一二年（一九二三）に一部の大字名の改称を経て、上記二村が昭和三〇年に合併したのが、妙高高原町であった。

以上、神社明細帳および神社合祀と深く関わる問題ではないと思えるかもしれないが、明細帳の所在地名を読む場合の参考として述べておく。というのも、今回参照した事例では神社明細帳の成立時期の異なるのが一社のみであったが、場合によっては、異なる時期に調製された神社明細帳が混在して同じ保管場所に残されている場合もあるので、このような町村編成の経緯を追跡することは神社明細帳を読むうえで必要な作業だからである。

郡誌・町村誌史の情報

さて、多くの県で県内の神社本庁所属神社をオンラインで検索できたり、『○○県神社誌』のような本の形で刊行されたりしている。新潟県の場合、先述した「新潟県神社庁」公式サイトでは現在の行政区画別に神社名が五十音順で並んでいるので、今回取り上げる妙高市の旧・妙高高原町のように旧行政区画別に検索することは不可能である。

そこで今回の事例では、敗戦前の郡誌として『中頸城郡誌』（同郡、一九四一年）、および近年の町史として『妙高高原町史』（同町、一九八六年）に掲載された域内の神社情報を【表2】に加えた。他に、『斐太歴史の里』の兼務情報も表に含めた。

見られるように、『中頸城郡誌』は神社明細帳を逐一見て書かれていることが、開創などの由緒および崇敬者数が一致する所に明らかであろう。祭神は【表2】に追記しなかったが、これも神社明細帳と一致している。

『妙高高原町史』は、非宗教法人だという二社（関川の八幡宮と田切の高原神社）を含めて一二社を掲載しており、各々に由緒、宮司名、現況などの情報が掲載されていて有用ではある。しかし、【表2】に見られるように、明細帳769の赤倉の稲荷社が何故か欠落している。同社は新潟県神社庁の公式サイトに「妙高市大字赤倉七六番地」として掲載されており、宗教法人として現存する。

『斐太歴史の里』は、斐太神社の宮司倉科氏が兼務する神社を書き上げており、触れられない神社は兼務社ではないということである。表の♯は、同書に付されているノンブルである。なお、764毛祝坂の神明社は明治一八年時点の明細帳では「祠掌」として倉科吉信（新井の白山神社宮司）が兼務していたとされるが、同町史時点では「宮司　竹内三一郎」と記されており、兼務する神職が変更になったのであろう。

上記町史と『斐太歴史の里』には、戦後の神社合祀が二件（片方はそうと考えられる）報告されている。一件目は、両書ともに載る情報で、昭和二七年（一九五二）に758二俣の神明社（現・神明神社）が同所759熊野社および760諏訪社を合祀したこと。『斐太歴史の里』によれば、「社殿の奥の三基の石祠の中央が神明社、北側が熊野社、南側が諏訪社である」という。

もう一件は768赤倉の大山祇神社が770同所の琴平社を合祀したこと。町史には「温泉街の繁盛を願って金比羅宮をも勧請した」が、明治初期には合併しておらず、明治三四年（一九〇一）

に「ようやく合祀された」とある。しかし、770琴平社は昭和一六年（一九四一）の『中頭城郡誌』に掲載されているので、戦後に合祀された可能性が高い。『斐太歴史の里』には「三社権現社」と記載され、関山三社権現の分社とされ、温泉に関連して祈願される「四社」の一として金毘羅社が言及されるも、琴平社を合祀した旨の記載は無い。

後述のように、神社明細帳が公簿として利用された昭和二六年までは、神社合祀の情報が明細帳の欄外に追記される。768大山祇神社および770琴平社の明細帳のいずれにも欄外にその旨の追記が無いことから、町史の明治三四年合祀が誤りであり、昭和二六年まで合祀されなかったと捉えておく。

神社明細帳の情報と神社合祀

次に、先の畔上論文を参考に、神社明細帳の社殿および由緒情報を見てゆきたい。まず、社殿について「本社は石祠」などと記された神社は、確かに多い。明細帳に脱漏のため昭和一一年（一九三六）に新たに明細帳が作られた326蔵々の春日社、766関川の諏訪天神相殿（現在は天神社）、768赤倉の大山祇神社という三社以外の計一二社の明細帳には、石祠である旨の記載がある。なお、『斐太歴史の里』に掲載の七社（【表2】の最右列）には全て社殿の写真が添付されているので、これらは後に社殿が作られたのであろう。

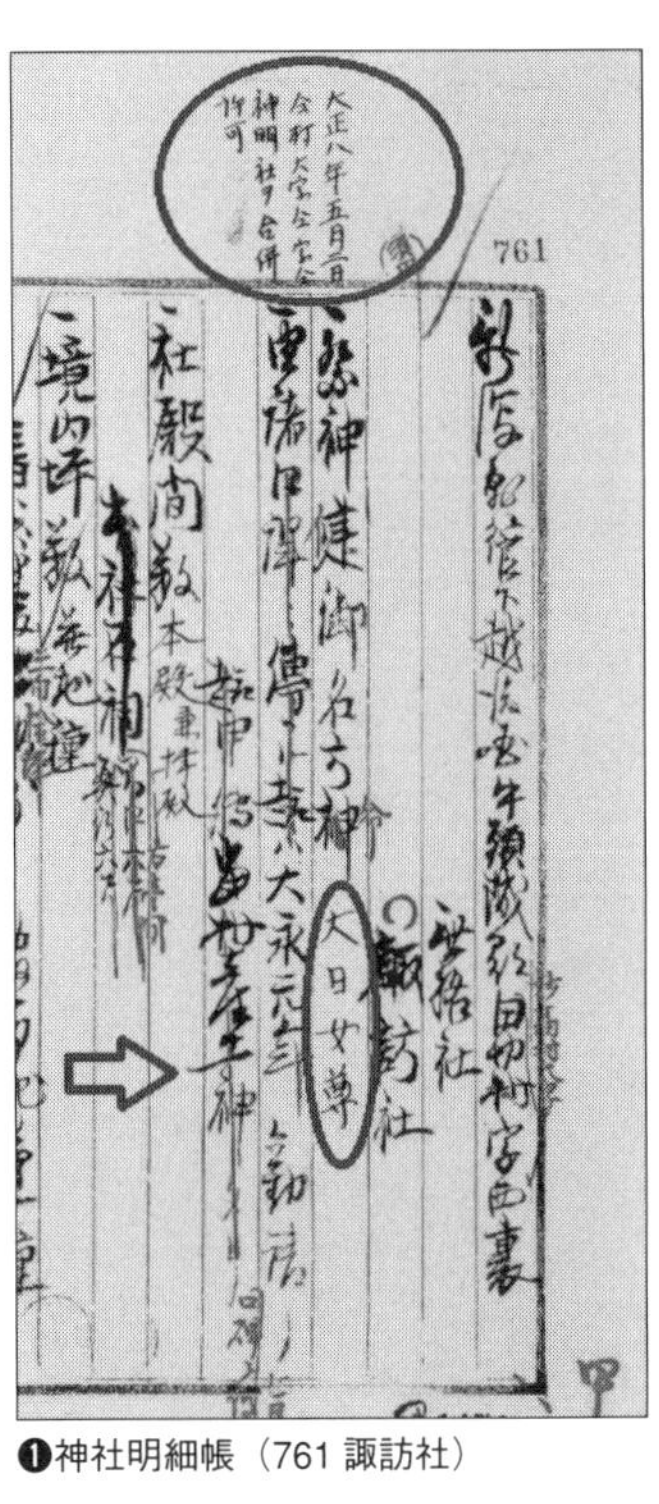
❶神社明細帳（761 諏訪社）

由緒について畔上がもう一点注目した、当社が産土神ないし氏神であるという主張は、朱字で後に追記されたものを含めて、社名を割愛するが758、763、764、765、766、767、768、967という八社に見られる。これらはいずれも廃祀されていないが、うち朱字で追記されたもの（764、767以外の六社、表の＊）は、廃祀の恐れがあった神社であった為にこのような追記がなされたのかもしれない。

なお、【表2】に「官」「民」としたのは境内の地種が官有地か民有地かの意味である。その後に追記したのは境内の坪数で、判読不可の場合は割愛した。

さて、神社明細帳の上での神社合祀記載は、761田切の諏訪社が七六二同所の神明社を大正八年（一九一九）に合祀した一件のみである。761の明細帳の罫線右上の欄外に「大正八年五月二日同村大字同字同神明社ヲ合併許可」とある（❶、上の丸印）。さらに、祭神の項目に、元の建御名方命に加えて大日女尊が追記されている（同、下の丸印）。なお、762を合祀した761諏訪社の明細帳の由緒項目では、「当村産土神」という元の表記が縦の朱線で消されている（同、矢印）。

【表2】のように、廃祀とされた762田切神明社の坪数一二八、氏子六二戸は、他の存置された神社と比べて決して少ないとはいえないので、神社明細帳からは同社が廃祀された理由を推察することはできない。

3、旧・妙高村の神社合祀

旧・妙高高原町の神社明細帳の欄外に追記される形で情報が残された神社合祀が上記のように一件のみであったので、妙高高原町に次いで「信越国境」に近い旧・妙高村の神社明細帳から、神社合祀をもう一例だけ見ておく。旧・妙高村の神社明細帳は全三二通であり、全体で合祀例が五件ほど見られる。ここでは、『斐太歴史の里』で兼務社の頁に#64として掲載されている、葎生（もぐろ）の大天社への合祀について見たい（【表3】）。表の計六社が立地する村は、明治二二年に二三大字で成立した原通村に含まれることになり、神社合祀の行われた明治末も引き続き原通村の大字であった。

【表3】のノンブル745から748までと750の計五社は、いずれも明治四〇年（一九〇七）から同四五年（一九一二）までの間に廃祀となっている。それにも拘わらず、この五社全てが神社明細帳の由緒項目で、【表3】の「明細帳の記載（概要）」列の通り、当村の産土神であるという趣旨の記載がなされている。いずれも朱字での追記ではなかった。逆に、明治四五年までにこれらを合祀した７４９の葎生の大天社が、由緒項目で「当村産土神」を縦の朱線で削除している。このような朱線での削除は、旧・妙高高原町で先に見た７６１田切の諏訪社の明細帳と同じであり（❶参照）、先行する畔上直樹論文の主張を覆すものであるように思う。

合祀の詳細は表の通りで、まず明治四〇年に７４７花房の天王社が７４６同大字の十二社へ合祀、同年に７４８の葎生の八幡社が７４９同大字の大天社へ合祀され、これが第一段階となった（後者は７４８の明細帳には追記されるも、何故か７４９の明細帳には記載されていない）。第二段階は明治四五年、（神社明細帳の追記の順序では）７４６花房の十二社、７５０上中の神明社、７４５岡新田の埴山姫神社という三社が、７４９葎生大天社に合祀された。【表２】と同じように、【表３】にも関連する郡誌・町村史の情報を併記した。『中頸城郡誌』はその上梓の時点で存在していた７４９葎生大天社のみが掲載され、７４８葎生の八幡社

妙高村史(1994)；由緒は明細帳とほぼ同	斐太歴史の里(2014)
p.792 下。M45 に 749 へ合併。	−
p.793 上。M40 に 747 を合併。M45 に 749 へ合併。	−
p.793 上。M40 に 747 へ合併。	−
p.793 下。M40 に 749 へ合併。	−
p.793 下、748 を M40 に、746、749、745 を M45 に合併。	#64。拝殿は S3 建立、南側 5 基の石祠は、葎生 4 社 (大天社、八幡社、十二神社、諏訪神社) と花房の産土神か。
p.793 下。M45 に 749 へ合併。	−

明細帳番号	所在地（「中頸城郡」の後を転記）	社名	社格	明細帳の記載（概要）	中頸城郡誌(1941)
745	岡新田	埴山姫神社	無	祭神不詳、「当村ノ産土神」、本社は石祠、官151坪、氏子15戸、祠掌倉科吉信、749へM45合併	–
746	花房村	十二社	無	祭神由緒不詳、「当村ノ内八戸産土神」、本社は石祠、官68坪、氏子8戸、祠掌倉科吉信、747をM40に合併、749へM45合併	–
747	花房村	天皇社	無	「当村ノ内12戸産土神」、本社は石祠、官35坪、氏子12戸、祠掌倉科吉信、同大字746へM40合併	–
748	葎生村	八幡社	無	「当村ノ産土神」、本社は石祠、官、氏子38戸、祠掌倉科吉信、同大大字749へM40合併	–
749	葎生村	大天社	無	「当村産土神」を朱線で削除、祭神は「不詳」に追記して誉田別尊・天照大神・須佐男命、本社は石祠、官100坪、氏子145戸、祠掌倉科吉信、746、750、745をM45合併	p.963、同大字八幡社748をM40合併。
750	上中村新田	神明社	無	「当村ノ産土神」、本社は石祠、官120坪、氏子43戸、祠掌倉科吉信、749へM45合併	–

【表3】旧・妙高村の神社明細帳情報など（一部）

を明治四〇年に合併したことを記している。『妙高村史』は神社明細帳をほぼ転記した内容だが、７４９葎生の大天社については明治四〇年と明治四五年という二回の合併を記している。両書とも、神社明細帳の追記とは一部異なっている。

ともあれ『斐太歴史の里』の記載によれば、境内に五基の石祠が現存するとのことで、大天社に加えて四社（７４５、７４６、７４８、７５０）が次々に合祀されたことがそこに表れていると考えられる。これら計五社の所在地である７４５

の岡新田、746の花房、748と749の葎生、750の上中村新田は、合祀が行われた明治末に全て原通村の大字であった。つまり、この749大天社への二回に渡る合祀は大字の範囲を超えた合祀であり、そのことは先に妙高高原町について見た戦前の合祀一件が、名香山村大字田切内で行われたこととは明らかに異なっている。このように、神社合祀の行われた明治末・大正前半時点では、個々の村（名香山村と原通村）によって、合祀のあり方が異なっていたことが分かる。

以上のように、神社明細帳は明治末以降の神社合祀を追跡するうえでの基礎的な史料なのである。

参考文献

・畔上直樹「近現代の地域社会と神社」（妙高市教育委員会編『斐太歴史の里の文化史』、二〇一四年）
・国文学研究資料館『社寺明細帳の成立』（二〇〇四年）
・由谷裕哉（編）『神社合祀再考』（岩田書院、二〇一〇年）
・畔上直樹「戦時期村役場文書にみる無格社整理—新潟県矢代村・上郷村を事例に—」（阪本是丸（責任編集）『昭和前期の神道と社会』弘文堂、二〇一六年）
・畔上直樹「神社合祀記念事業の地域的形成についての一視角—上越市大和神社の事例をてがかりに—」（由谷編『神社合祀再考』岩田書院、二〇一〇年）

第3部　信越地域からみた大地の歴史

10

歴史の土台は何を語るのか

信越地方の大地はいかに形成されたか
――フォッサマグナと糸静線

【キーワード】
・フォッサマグナ
・糸静線
・大地と暮らし

竹之内 耕

1、ナウマンの発見

信越地方の大地の特徴といえば、なんと言ってもフォッサマグナである。明治時代にドイツ人地質学者エドムント・ナウマンが発見した地質構造のことである。彼が日本列島を調査した時の農商務省からの通達が糸魚川（いといがわ）市に残っている（❶）。地質・地形・製図の担当者など計九名からなる調査隊を組んでいたことがわかる。フォッサマグナを発見した彼が信越地方の生い立ちを最初に明らかにしたと言ってよいだろう。この章では、人々が暮らしてきた土台の部分、すなわち地形や地質に焦点をあて、フォッサマグナを手掛かりに信越地方の大地の歴史を述べ、合わせて大地と暮らしとの関係を紹介したい。

2、フォッサマグナと糸魚川―静岡構造線

フォッサマグナを知れば、日本列島の誕生を含めて現在に至る信越地方の大地の歴史が整理さ

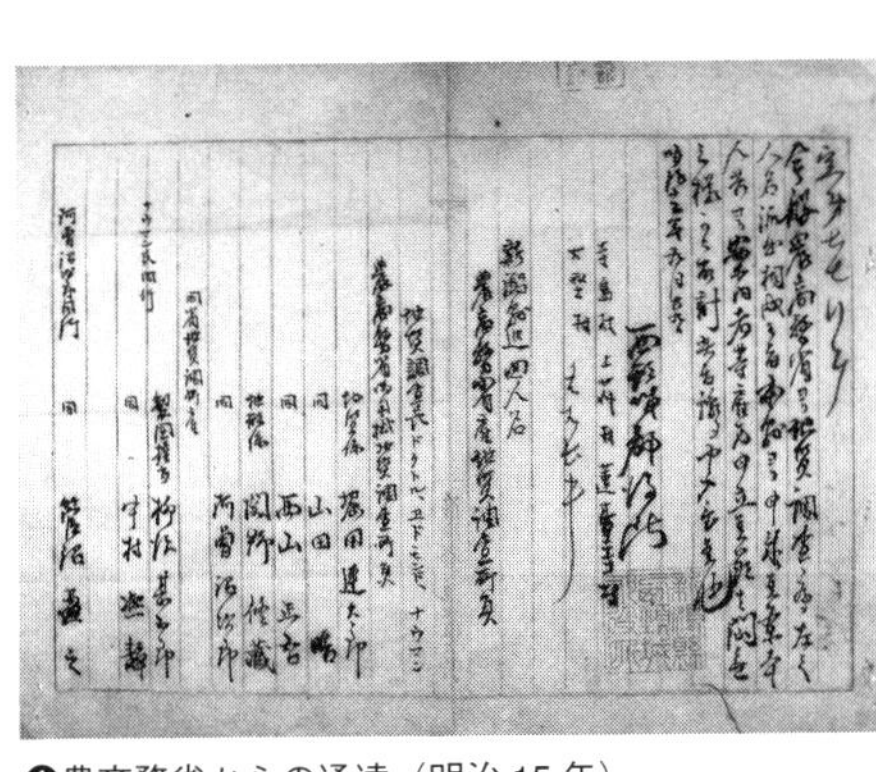

❶農商務省からの通達（明治15年）

れる。フォッサマグナとはラテン語で「大きな溝」という意味だ。目で見える溝ではなく、山々をつくっている地層を知ることによって見えてくる地質の大きな溝である（❷）。

　フォッサマグナの範囲や定義にはいくつか説があるが、ここでは❷の範囲としておく。西側の境界は、糸魚川―静岡構造線（以下、糸静線）、東側の境界は、新発田―小出構造線と柏崎―千葉構造線である。構造線とは大きな断層の意味である。フォッサマグナは三次元的な溝状の地質構造のこと、糸静線はその西側の境界断層のことであり、フォッサマグナ＝糸静線でないことに注意してほしい。フォッサマグナの東西の外側は、一億年前、二億年前、三億年前というような億単位の古い時代にできた地層からなる。大部分は古生代や中生代にできたものである。一方、フォッサマグナの内側は、二〇〇〇万年前より新しい地層からなる。おもに新生代にできたものである。すなわち、古い地層でできた大きなU字型の溝が、新しい地層によって埋め立てられているわけだ。

　もう一つのフォッサマグナの特徴は、南北方向の火山列である。南から北へ、天城山、箱根、富

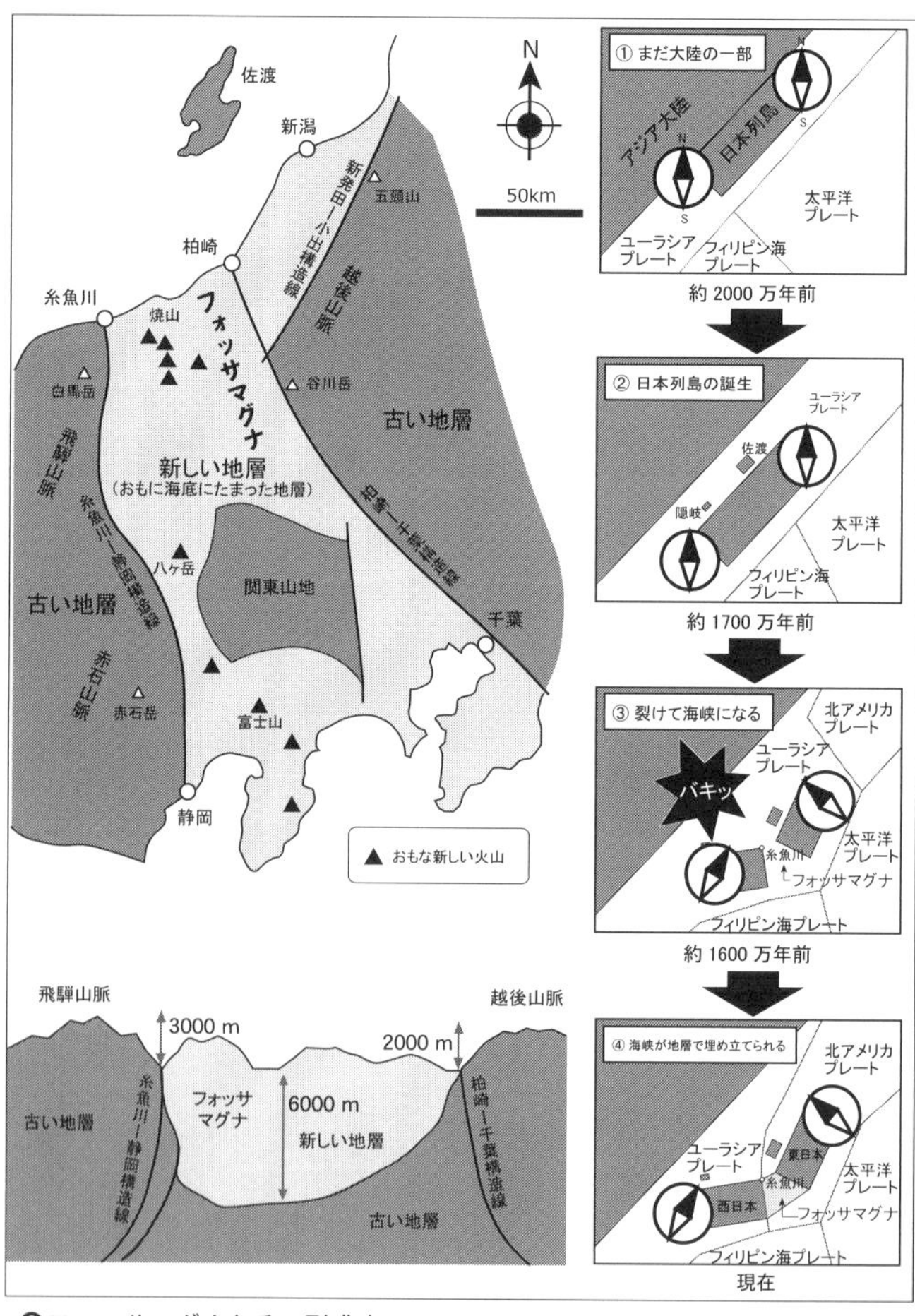

❷フォッサマグナとその形成史

士山、八ケ岳、斑尾山、飯縄山、妙高山、焼山などが並ぶ。富士火山帯といわれてきた火山列のことであり、これらは陸上で噴出した火山である。

3、フォッサマグナから知る日本列島の成り立ち

日本列島は弧状列島と呼ばれる、太平洋側に凸の形をした弓なりの列島であり、中央部に先に述べたフォッサマグナが存在する。日本列島の土台をつくる地層と同じ地層が日本海の対岸にあることと、フォッサマグナを境に、地層に記録された磁北の方向が異なることから、フォッサマグナを境に東西日本列島が観音開きにそれぞれ移動し、その裂けた場所がフォッサマグナと考えられている（❷）。

日本列島が裂けてフォッサマグナが生じた時には、フォッサマグナ海峡ができた。それ以降、基本的にこの海峡が周囲の陸地から運ばれた土砂によって埋め立てられていく。海峡の中で、新潟県より一足先に陸化したのが長野県である。この時期に北部と南部のフォッサマグナの海に分かれた。その後、それぞれは土砂によってさらに埋め立てられていく。新潟平野は、北部フォッサマグナの海で最後まで残った海域であった。できた砂丘が堤防となり、海域は汽水化し、やがて信濃川によって埋め立てられ平野となった。新潟平野に潟湖が多いのは、この名残である。

かつて海底であったことは、フォッサマグナの地層からクジラやオットセイ、二枚貝、巻貝など

の海にすむ動物の化石が発見されていることで証明されている。やがて三百万年前頃からフォッサマグナを含む中央日本が隆起に転じ、山地、盆地、平地などの地形に分化していった。この頃の陸地には、ナウマンゾウがすんでいたことが野尻湖の湖底発掘で確かめられている。基本的に、大地の隆起速度が速いところは山地をつくり、遅いあるいは沈降しているところは平地をつくっている。特に糸静線西側の飛騨山脈、木曽山脈、赤石山脈は、標高三千mと大きく隆起し、日本列島の大屋根をつくった。

4、大地と暮らしとの関り

塩の道：糸静線が通る地層は破砕され脆（もろ）くなっているので、大地の隆起によって糸静線に沿って浸食が進み、谷地形ができる。飛騨山脈と頸城山塊（くびきさんかい）の間の谷地形がそうだ（❸）。通行が困難な暴れ川、姫川谷を避け、塩の道（一部が国史跡）は、ほぼ糸静線に沿ってつけられている。大きな谷地形の中の、糸静線がつくったもっと小規模な凹地の連なりをたどっているのがみてとれる。信州と遠州を結ぶ秋葉街道の大部分は中央構造線がつくった谷地形に沿っている。このような断層と古道の関係はほかにもいくつか知られている。

棚田：棚田は信越地方を代表する景観であり、地すべりと深い関りがある。フォッサマグナの海底にたまった未固結な地層が隆起し、山地に成長していく過程で地すべりが生じる。平地の少ない

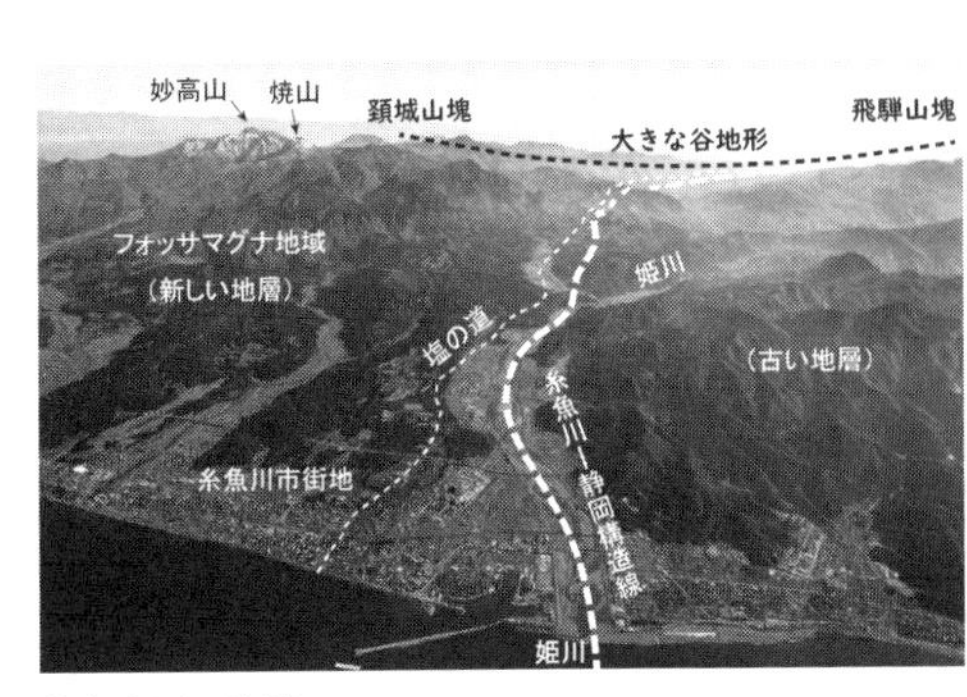

❸糸魚川の地形

山間地においては、地すべりがつくった緩斜地が水田の適地であり、地下水が豊富なのでなお耕作に都合がよい。また数十年や数百年周期で棚田は破壊されるが、自動的に耕されることで復旧後の米の収量が上がるとされる。地すべり地を選んでできた集落の分布は、人々の大地の知恵と自然災害を自ら受け入れる覚悟を物語っているようにみえる。

石油:「日本書紀」に、越の国から「燃ゆる水」が献上されたとあり、その具体的な献上候補地として、新潟県の出雲崎町、柏崎市西山、胎内市黒川などがあげられている。新潟県は日本の石油生産量の約65%、天然ガス生産量の約75%を生産する日本一の石油・天然ガス産地である。これはフォッサマグナの大地の歴史そのものが、石油や天然ガスを育てるゆりかごだったことによる。海底火山活動が石油・天然ガスの元となるプランクトンを発生させ、厚い地層の堆積が石油の熟成を促し、やがてできた褶曲構造に石油が集積していった。

東西文化:天下の険、親不知は飛騨山脈が日本海に落ち込む断崖である。飛騨山脈が東西方向の人の交流を規制したのに加え、この辺りがちょうど関東と関西の文化の中心地からほぼ等距離にあったことで、東西文化の境界になったとされる。代表的な境界としては、鮭(さけ)文化（東）と鰤(ぶり)文化（西）（年取り魚）、関東言語と関西言語、50Hz（東）と60Hz（西）（電気の周波数）などがあげられる。

ヒスイ：縄文時代から古墳時代にかけて、糸魚川産ヒスイを加工した大珠(たいしゅ)や勾玉(まがたま)が生産された。ヒスイは、古生代に生まれた古い岩石であり、フォッサマグナの外側を構成する岩石の一部である。もともと地下深部で誕生し、幾多の地殻変動をへて地表へ持ち上げられた。さらに山脈の上昇により、河川が大地の中からヒスイを掘り起こし、洪水や土石流によって、海へ運ばれた。河川の流れや波で磨かれた美しい緑の石は、やがて縄文人の目にとまり、世界最古のヒスイ文化の発祥となった。

5、ユネスコ世界ジオパーク

今まで述べて来たように、私たちの祖先は、動物や植物だけでなく、大地から大きく影響を受けながら歴史を刻んできたことがわかる。大地の成り立ちと人との関係を総合的に理解し、地域の持続可能な発展をめざすユネスコのプログラムがある。これがユネスコ世界ジオパークである。糸魚川はその代表の一つであるが、身近なジオパークを訪ねて、大地と人との意外で密接な関係に気づいていただければ幸いである。

参考文献

・植村 武『総説、日本の地質4　中部地方Ⅰ』（共立出版、一九八八年）
・蛭子健治「東西方言境界地域の言語の諸相」（糸魚川市・青海町『第二回翡翠と日本文化を考えるシンポジウム―ヒスイは語る　越の大地に―』一九八八年）
・平 朝彦『日本列島の誕生』（岩波書店、一九九〇年）
・高浜信行「地すべりと生活と地質学」（地学団体研究会『地学教育と科学運動』二二号、一九九三年）
・島津光夫『新潟の石油・天然ガス　開発の一三〇年』（野島出版、二〇〇〇年）
・野尻湖ナウマンゾウ博物館『ナウマンゾウの狩人を求めて』（二〇〇三年）
・フォッサマグナミュージアム『フォッサマグナってなんだろう』（二〇〇六年）
・木島 勉「縄文時代の翡翠」（糸魚川市『ヒスイ文化フォーラム二〇〇七　ヌナカワとヒスイ』、二〇〇八年）
・竹之内耕「ヒスイはなぜ糸魚川にあるのか？―ヒスイをもたらした二つの地殻変動―」（糸魚川市『ヒスイ文化フォーラム二〇〇七　ヌナカワとヒスイ』、二〇〇八年）

11

地に残された海の記憶

信越国境地域はかつて海だった
――長野にあったと考えられる海岸線の話

【キーワード】
・太古の海
・フォッサマグナ
・貝化石と古生物

成田　健

1、信越国境地域の地面の下はどんな物でできているのか

信越国境地域、長野県北部から新潟県上越地方にかけては、大昔に海があったと言うことは、どこかで聞いたことがあるのではないだろうか。

これは、長野県北部から新潟県上越地方の大地をつくる岩石として堆積岩（礫や砂、泥がたまって固まった岩石）が多く見られること。そしてこの堆積岩の多くは海底で形成されたものであることから、大昔は海があったという話となる。

では、どのくらい昔かというと、この地域の地層や化石から約一六〇〇万年から一〇〇万年前頃と考えられる。人間の歴史からするとかなり大昔となるが、地球の歴史からするとほんのつい最近の話となる。

地質や古生物の研究者はフィールドワークを通して地質図という物を作成する事が多い。地質図はこの場所にはこの岩が見えるという情報を地図上に示したものである。自分の研究対象がど

の地層のどの位置にあたるのか？　年代はどのくらいかを示すための調査となる。

　地質図を見てみたい方は、産業技術総合研究所・地質調査総合センターのサイトから地質図の閲覧ができるので、一度見て欲しい。知らない人が見ると、地図に変な模様が描かれているとしか見えないであろう。しかし、少し見方がわかってくるととても面白い。地質図幅には説明書がついており、その地域の一番古い時代の地層から順番に解説が入っている。

2、フォッサマグナの海

　大昔の海について少し時代は遡って紹介すると、約二〇〇〇万年前には日本列島がなかった。おそらくアジア大陸の一部分であったと考えられる。この大陸の端で地下からマグマが上昇することにより大地に割れ目ができはじめ、そこに海水が入り込んで大陸から離れてしまう事件が起こった。この活動はしばらく続き、日本列島の東北日本と西南日本が観音開きのように動いて、約一五〇〇万年前頃には現在の折れ曲がった日本列島の形の基礎が出来上がる。この開いた所は海となり、現在の日本海となっている。

　割れ目が広がり東北日本と西南日本が離れてしまうことで、お互いに引っ張り合う力が働いて裂け目の部分が陥没した。この陥没した部分が、地質学者ナウマンが「大きな溝」という意味で名付けたフォッサマグナである。厳密な範囲の指定はしていないが、現在のフォッサマグナというと西側は糸魚川―静岡構造線という大断層で、東側は柏崎千葉構造線と新発田―小出構造線、という断層で区切られた範囲をさしている。

フォッサマグナ地域の両側は古い時代の地層が見られ、フォッサマグナ地域は新しい時代の地層しか見ることができないのである。

一三〇〇万年前頃は太平洋と日本海は海がつながっていたが、その後隆起運動が盛んになり海は分断される。分断された北側の海は日本海から入り組んだ大きな湾となった。この湾の底に周囲の陸地から運ばれた礫・砂・泥が堆積し、その時代に生息していた生物が化石として保存されている。

地域	地層名	堆積環境（水深）	文献
上越地域	川詰層	数 100 m	①
糸魚川地域	根知層	120 ～ 250 m	②
松之山温泉地域	田麦川層	200 ～ 500 m	③
飯山地域	一ノ瀬層	120 ～ 250 m	④⑤
長野地域	城下層	0 ～ 60 m	⑥

【表】各地域に分布する地層名と堆積環境

3、四五〇万年前頃の貝化石からフォッサマグナの海を考える

そして五〇〇～四〇〇万年前頃の海の様子を見て見よう。この時代の地層は多くの研究者により研究成果がとりまとめられている。地層の分布域を北から南へ簡単まとめると上表の通りである。

それでは、この当時の海の最南端に当たる長野地域の紹介をしたい。城下層は長野市西部中条地区～信更地区、信州新町地区に広がる地層で（❶）、約四五〇～四二〇万年前頃に堆積したと考えられ、礫岩や砂岩か

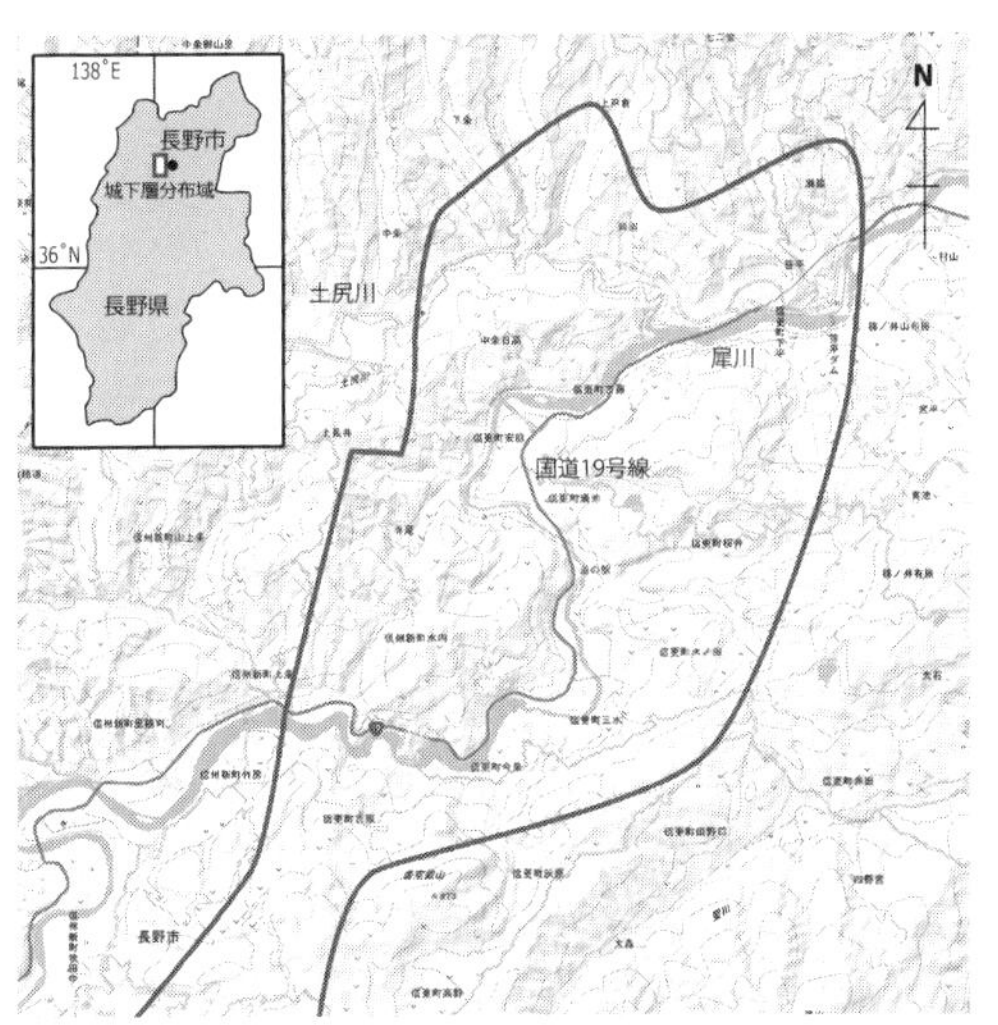

❶城下層の分布域（国土地理院地形図使用）

ら構成される地層である。岩の種類からも浅い堆積海があったことが推測されるが、貝化石については文献⑥があるが、さらに南にエリアを広げて当時の様子について考えてみたい。

まずは、城下層からはマガキの化石がたくさん産するのが特徴である（❷-1）。❸は城下層と命名した地点である長野市中条の城下地区に見られるマガキ化石の産状（地層の中に化石が入っている様子）である。土尻川の川底一面にびっしりとマガキが保存されている。

ゴツゴツした岩の海岸や港の岸壁などに行くと、カキの仲間が付着しているのを見たことがあるだろうか？　マガキも同じように硬い物に固着して成長する。ところが、マガキは干潟や潟湖（せきこ）と呼ばれる泥が多く堆積する場所に、お互いにくっつき合った塊のような状態で生息する。

マガキの生態を見ていくと、卵から孵（かえ）ったカキの子どもは、最初はプランクトンのように海水中を遊泳して自分の生息場所を探し、適当な小石のような硬い物を見つけると、そこに殻を固着させて成長していく。その翌年に子どものカキが遊泳してくると、今度は一年前に固着したカキの殻があるので、そこに固着して成長していく。このようなことを何年か繰り返していくとカキの集合体であるカキ礁（しょう）ができあがる。この時のカキ礁の形の特徴は下側がとがっていて、扇子を広げた形になることが特徴である（❹）。

❺は長野市信州新町の水内（みのち）地区で見られるマガキの産状である。こちらは典型的なカキ礁と呼ばれるもので、矢印の位置がとがっているのが分かる。まさにカキ礁がこの場で形成された証拠であり、約四〇〇〇万年前にこのあたりに干潟や潟湖があったことを示す証拠でもある。

さらにこのような環境にすむ貝の化石としてマガキに固着するウネナシトマヤ

❷城下層に見られる貝化石
1 マガキ、2 ウネナシトマヤガイ、3 サビシラトリ、4 オオノガイ、5 サカエオオシジミ、6 シガラミサルボウ、7 ナガノホタテ

❸マガキ化石の産状　長野市中条城下

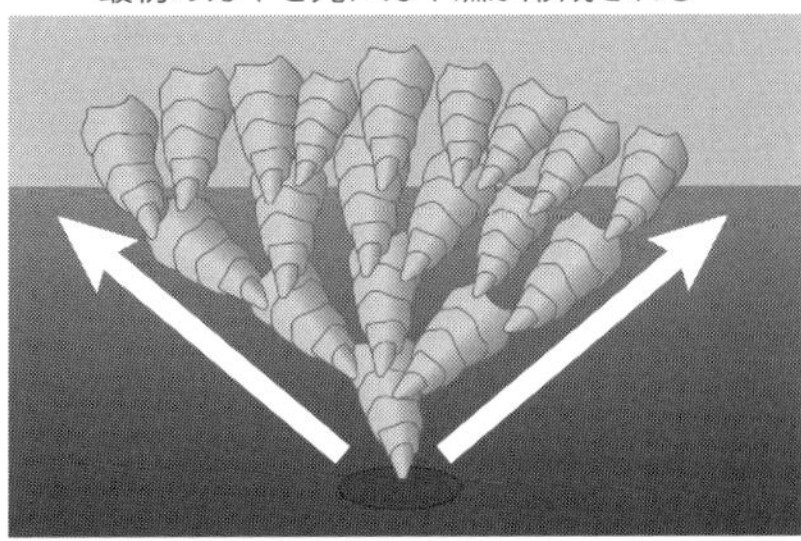

❹カキ礁の形の特徴

ガイ（❷－2）や、泥や砂の中に潜って生活するサビシラトリ（❷－3）やオオノガイ（❷－4）も化石として産する。

サカエオオシジミ（❷－5）はマガキと同様に海水と川の水の混じり合う汽水域に生息するが、シジミの仲間の方が淡水に近い環境で生息する。

このサカエオオシジミと言う名前は、中条地区にあった栄村の地名をとったものである。また、オオシジミは現在台湾周辺に生息する大型のシジミの仲間であるが、なぜか城下層からしかこの種は見つからないのである。四五〇万年前頃の汽水域で堆積した地層が少ないのか、謎は残ったままの特徴的な貝化石である。

この他にはシガラミサルボウやナガノホタテなど浅い海に生息した貝類化石が産する（❷－6・

❺マガキ化石の産状
長野市信州新町水内地区

7)。

ヤマサキホタテ、ナガノホタテは、現在北の海に生息するホタテガイの仲間になる。大昔は日本周辺にも様々な種類が生息しており、四〇〇万年前のこのあたりではヤマサキホタテ、シナノホタテ、ナガノホタテの三種類が生息していた（ともに絶滅してしまった種類）。これらの違いは殻の表面の凹凸の数や形、両側に出っ張った部分の大きさや形によるものである。中条地区ではヤマサキホタテが多く、ナガノホタテの大きな化石が見つかっている。

シガラミサルボウは、現在のアカガイに近い二枚貝の仲間の化石で、絶滅してしまった種類である。殻の表面には凸凹が三〇本前後見られ、出っ張った部分に一本の溝が走る。浅い海生息した種類である。名前のシガラミサルボウは長野市戸隠の柵地区の名前をとっているが、中条地区もこの化石の産する代表的な場所として上げられている。

これらの貝化石は全ての種類が同じ場所から見つかるのではなく、種類の組み合わせが決まってくる。地層分布域の南側でサカエオオシジミの化石が、中央部でマガキの化石が、北側でヤマサキホタテやナガノホタテ、シガラミサルボウの化石が見つかるのである。大きく見ると、河口付近から内湾の奥側のような海岸線が南半分に見られ、北側に浅い海が広がるよう様子が想像できるのである（❻）。

なかなかこのようにきれいに当時の海岸線付近を再現できる地層はなかなか見られない。

4、貝の他にも大型の生物も化石で見つかっている

さらにはすでに絶滅してしまったセイウチの仲間（オントケトゥス）の頭蓋（とうがい）、ナガスクジラ類の下顎（かがく）の化石、カイギュウ（現在のジュゴンに近い仲間）の肋骨（ろっこつ）化石なども見つかっており、浅い海があったことが想像できる。陸が近かったのかミエゾウというゾウの仲間の上顎の化石も発見されているので、当時の海の様子を想像することができる。

普段、ローカルな視点での詳細な研究をしながら、このような北部フォッサマグナ地域にあった海いわゆるフォッサマグナの海の様子を直接は見ることができないが、地層や化石等を通して、思い描くことができるというのはとても楽しい事である。

今回のご紹介で大昔の生物と大地のおいたちについて興味を持っていただけると幸いである。

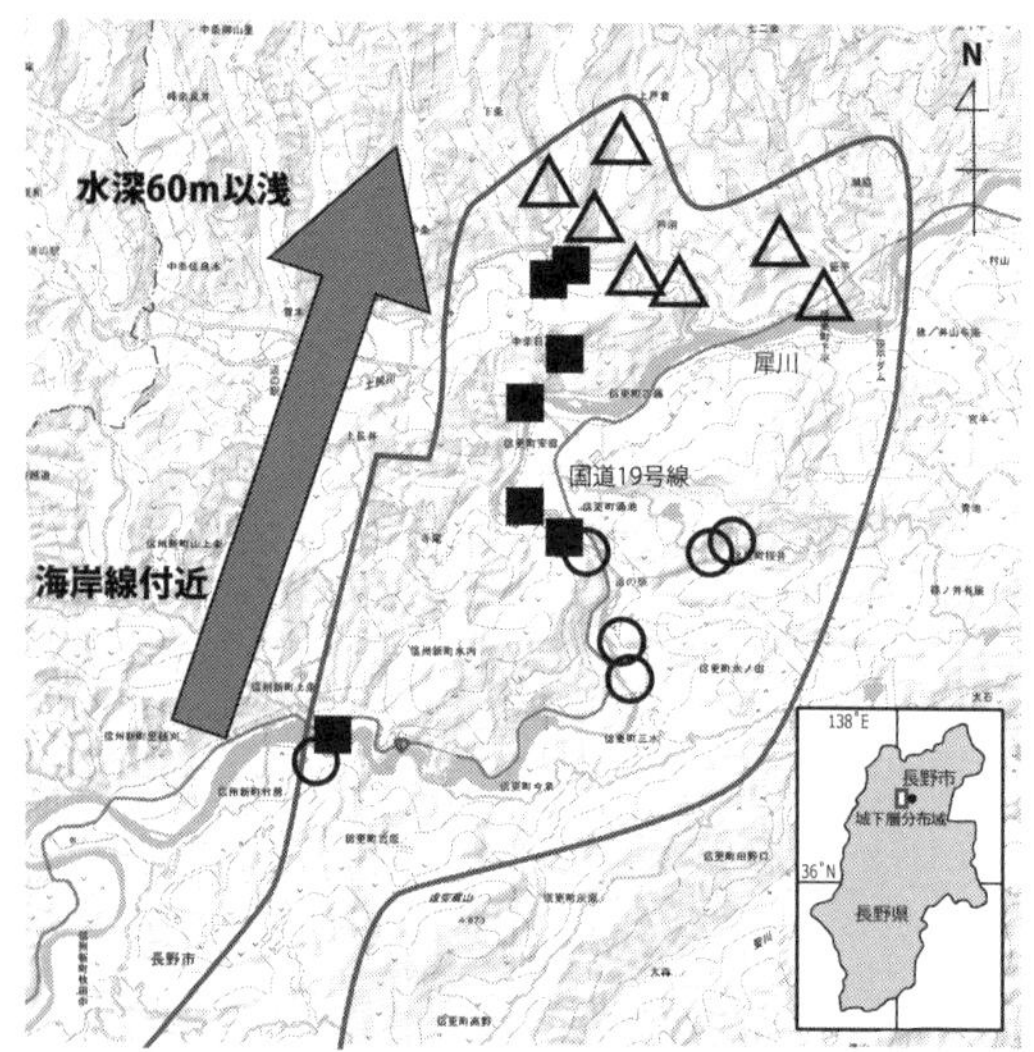

❻城下層中の貝化石からわかる当時の海の深さの変化
△シガラミサルボウ（浅い海）　■マガキ（汽水域）
○サカエオオシジミ（河口付近）

【トピック】カキの形がみんなバラバラな理由

アサリやシジミなどは小さな物から大きな物まで同じ形をしているが、マガキは化石も含めて形が同じものは見られない。これは、カキの仲間は堅いところにくっついて生息することが大きな要因である。

カキは卵から孵ると海中を漂って生活場所を探し、数週間たつとハマグリのような形の小さな貝殻を持ち、海底に落ちている石ころなどに右側の貝殻を固着させて大きくなっていく。カキは生活しやすい向きに貝殻の成長方向を変える事ができるために、曲がったり真っ直ぐに伸びたりできる。また、同じ場所に数個のカキが固着して生息することもあり、お互いの貝殻が接してしまうために殻の形を変えながら成長していかならないために、同じ形のものは見られない。

引用文献

①赤羽貞幸・加藤碩一「地域地質研究報告 5万分の1地質図幅 高田西部 新潟（7）第60号」（地質調査所、一九八九年）

②長森英明・古川竜太・竹内 誠・中澤 努「地域地質研究報告 5万分の1地質図幅 糸魚川 金沢（10）第14号」（地質調査総合センター 二〇一八年）

③竹内圭史・吉川敏之・釜井俊孝「地域地質研究報告 5万分の1地質図幅 松之山温泉 新潟（7）第62号」（地質調査所、二〇〇〇年）

④柳沢幸夫・金子隆之・赤羽貞幸・粟田泰夫・釜井俊孝・土谷信之「地域地質研究報告 5万分の1地質図幅 飯山 新潟（7）第73号」（地質調査所 二〇〇〇年）

⑤島津光夫・立石雅昭「地域地質研究報告 5万分の1地質図幅 苗場山 新潟（7）第74号」（地質調査所 一九九三年）

⑥天野和孝・佐藤春樹「内湾性貝化石群集と残存種の関係—長野県北部の鮮新統城下層産貝化石群—」（『化石』59号、日本古生物学会、一九九五年）

参考文献

・地学団体研究会長野支部「長野の大地」編集委員会編『長野の大地 見どころ100選』（ほおずき書籍、二〇〇四年）

・地学団体研究会長野支部「長野の大地」編集委員会編『長野の大地 やさしい地学小事典』（ほおずき書籍、二〇一二年）

・信州新町化石博物館『特別展目録 シジミとカキの世界』（二〇〇一年）

・藤岡換太郎『フォッサマグナ』（講談社、二〇一八年）

12

希少な石材を恵んだ環境と加工技術

古代のブランド品を生んだ大地と歴史
――玉と斧の生産と流通

【キーワード】
・集落遺跡
・希少石材
・石材の加工術

木島　勉

1、玉と斧

翡翠製大珠（❶これ以降、玉とする）は縄文時代の華やかな遺物として知られる。そして、これと類似した石材を用いた遺物に透閃石岩（蛇紋岩）製磨製石斧（❷これ以降、斧とする）がある。前者は装身具であり限られた集落の限られた者が所有できた威信財、後者は切れ味鋭い木工具である。どちらの石材も硬く、割れ難く、艶々とした緑色で出土状況・分布などから、単なる玉や斧ではなく、製作地が限られ、列島各地に広く流通したブランド品といえる。

これらを列島各地に供給したのは現在の新潟県糸魚川市とその周辺（これ以降は姫川下流域とする）に集落を営んだ集団であり、翡翠の加工は縄文時代中期に本格化して古墳時代中期まで続いた。一方、透閃石製磨製石斧の製作は縄文時代早期まで遡ることができ、縄文時代中期に最盛期を迎えて晩期まで続いた。なぜ、この地域でこのようなブランドの玉と斧が製作され列島各地に広く供給されたのであろうか。

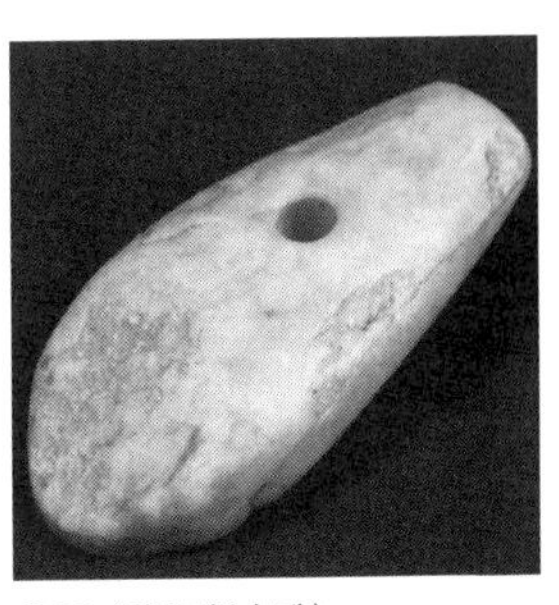

❶玉（翡翠製大珠）
写真提供：長者ケ原考古館

❷斧（透閃石岩製磨製石斧）写真提供：長者ケ原考古館

2、姫川下流域の大地

新潟県の最西端にある糸魚川市は富山県と長野県に接し、北アルプスが日本海に没する親不知海岸をはじめ起伏に富んだ地形が広がる（❸）。そして、市域の中央を日本海に注ぐ姫川は列島を地質的に分断するフォッサマグナの西縁、糸魚川・静岡構造線に沿った急流で、その西側一帯には翡翠、透閃石岩等を産出する飛騨変成岩帯が広がる。これらの変成岩は急流によって流され、一帯の海岸に打ち上げられることから、新潟県糸魚川市から富山県朝日町の海岸は「ヒスイ海岸」などとも呼ばれる。

姫川下流域から西を向くと富山県境の断崖・親不知海岸から石川県能登半島、北は新潟県佐渡島、東は新潟県上越地方の山々はもちろん米山や弥彦山が海原の先に見え、南は北アルプスと頸城山地が聳え、姫川がこれを切り開いている。このような海と山に囲まれた閉鎖的な空間は、変化に富んだ山、川、海、平地がコンパクトに収まっているともいえる。

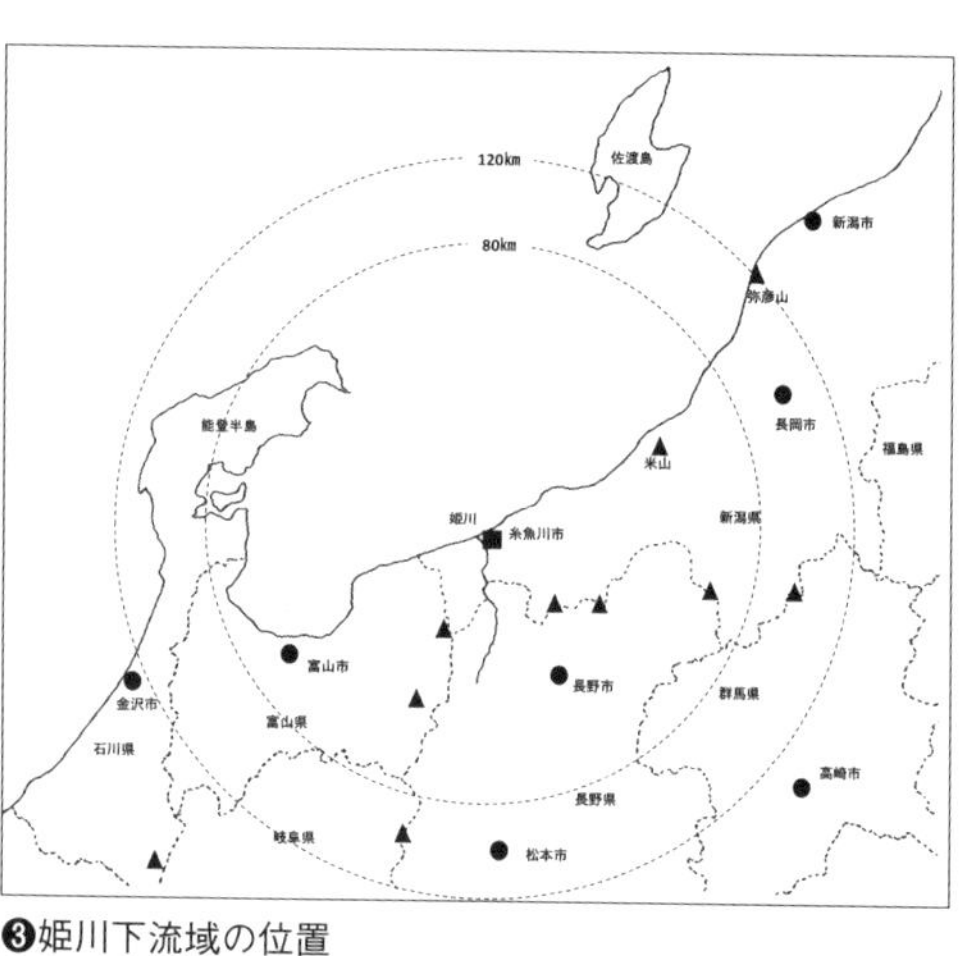

❸姫川下流域の位置

また、姫川下流域から八〇km圏内には富山市、長野市、松本市、一二〇km圏内には長岡市、金沢市、新潟市に至っては一四〇kmと遠い。この距離感は、いつの時代も北陸の土器が主体を占めるこの地域の土器事情と合致する。

つまり、この姫川下流域は、西と東の境界、海と山の接点にあり、多様な大地が広がり、稀少な石材に恵まれ、周辺地域から様々な影響を受けてきた地域であるといえる。

3、玉と斧の生産集落　長者ケ原遺跡

玉と斧の盛期である縄文時代中期中・後葉における姫川下流域には❹のように寺地遺跡（田海川下流左岸）、岩木遺跡（姫川下流左岸）、長者ケ原遺跡（姫川下流右岸）、岩野B遺跡、六反田南遺跡（海川下流右岸）、入山遺跡（海川中流右岸）といった集落遺跡が三～五km間隔に点在している。それぞれの存続時期に多少の違いはあるものの多量の玉と斧の製作資料を伴う。

❹翡翠産地と姫川下流域の縄文遺跡　写真提供：糸魚川市

一方、発掘調査の成果と立地環境などから寺地遺跡、岩木遺跡、岩野B遺跡、六反田南遺跡、入山遺跡は十数棟から数十棟、長者ケ原遺跡は二四〇棟前後の建物跡の存在を予見できる。もちろん、それは集落の存続期間を反映しているが、長者ヶ原遺跡の遺構数、遺物量、存続期間とも他の集落跡を圧倒し、広場を囲む建物跡や廃棄域の広がりは姫川下流域における拠点集落跡であったことを示している。

長者ケ原遺跡（国・史跡）は姫川下流右岸の標高九〇m前後の河岸段丘に立地し、縄文時代早期末から後期前葉までの遺物包含地で、遺跡中央には南北一八〇m、東西一〇〇mの範囲に中期中・後葉を盛期とする大規模な集落跡を確認できている。この集落跡の約一〇%に及ぶ発掘調査で検出された二四棟の竪穴建物跡、四棟の掘立柱建物跡は広場を囲むように構築され、周辺には厚く堆積した廃棄層も広がる。出土遺物も膨大で、中間報告（糸魚川市教育委員会二〇一六）では磨製石斧未成品一八一八点、玉類未成品一三四点、敲石（たたきいし）二五七点、砥石（といし）一九〇九点などの玉と斧の製作に伴う石器類は出土石器の四六%にも及ぶ。もちろん、それらの素材や製作に伴う破砕礫、剥片などを含めると六〇%を遥かに超え、その組成は玉と斧の専業的な製作を示している。一方、狩猟採集、調理、祭祀などに伴う石器類も多く、この集落における狩猟採集を基本とした自給自足的な生活を復元できることから、そうした生活の傍らでの玉と斧の専業的な製作であったと理解できる。

出土している縄文時代中期の土器を観ると信濃川流域の土器よりも新崎・天神山・串田新式といった北陸の土器が多くを占め、中部高地、東北南部、関東などからの搬入品も混在する。また、出土した黒曜石の大半は信州産で魚津産を若干含む。

4、玉と斧を作る

姫川下流域における玉と斧の製作資料を概観すると、敲打や研磨を多用した「素材（原石・剥片）→粗割（剥離）→敲打（潰し）→研磨」といった基本工程を復元できる。斧の製作工程（糸魚川市教育委員会二〇一六）は❺のとおりである。

素材：海岸ないし姫川下流で採取した大小の扁平楕円礫・剥片を素材としている。

粗割：大型礫の台石を作業台、拳大の翡翠礫（二〇〇〜七〇〇g）を敲石（❼）として扁平楕円礫の側縁などに打撃を加えて剥離や分割を繰り返す。

敲打：ピンポン玉ほどの翡翠礫（二〇〇g未満）を敲石として剥離や分割で生じた縁辺部を

敲き潰して形を整える。

研磨：石英砂を多く含む砂岩（手取層産出）を砥石（❼）として削り磨いて形を整える。

もちろん、剥離、敲打を経ずに研磨する場合や剥離で生じた剥片を素材とすることもあり、素材の大きさや形状に応じた工程を観察できる。

玉も❻のように斧と同じ工程（糸魚川市教育委員会：二〇一六）を経て、最後に孔を穿く。また、剥離や敲打を経ずに研磨・穿孔（せんこう）することもあり、玉と斧の製作技法や工程の違いは穿孔の有無だけである。

姫川下流域における敲打、研磨を多用した磨製石斧と滑石（かっせき）、透閃石岩、流紋岩（りゅうもんがん）といったやや軟質の石材を用いた玦状耳飾（けつじょうみみかざり）や垂玉（たれだま）類の製作は縄文時代早期末まで遡り、翡翠の加工は縄文時代前期後葉から中期前葉に始まる。つまり、硬く、美しく、稀少な翡翠の加工は斧や玉類の製作技術を系譜として成立したと理解できる（木島：二〇〇四）。

5、ブランドの広がり

前述のようにブランドの玉と斧は姫川下流域で作られ列島のほぼ全域に流通した。なぜ、この地で盛んに作られ、広範囲に流通したのであろうか。

装身具・威信財としての魅力、斧の高い機能はもちろん、その質感、稀少性、硬さ、美しさは縄文人の嗜好、価値観に合致したのであろう。製作集団もこれに応えるため、素材と道具を調達

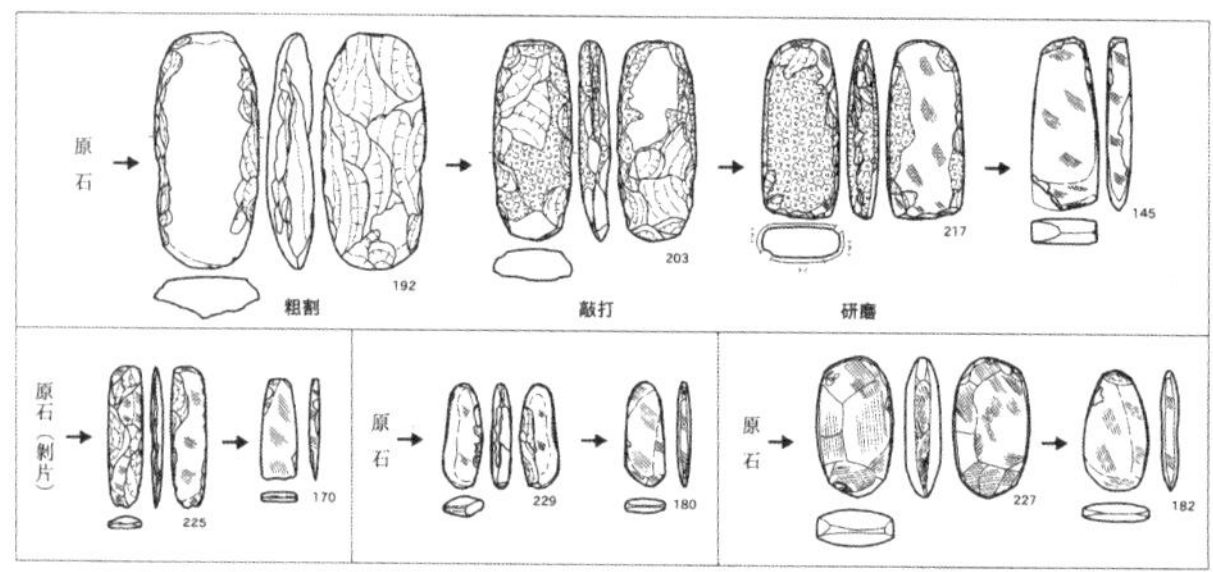

❺斧（透閃石岩製磨製石斧）の製作工程
糸魚川市教育委員会 2016 より

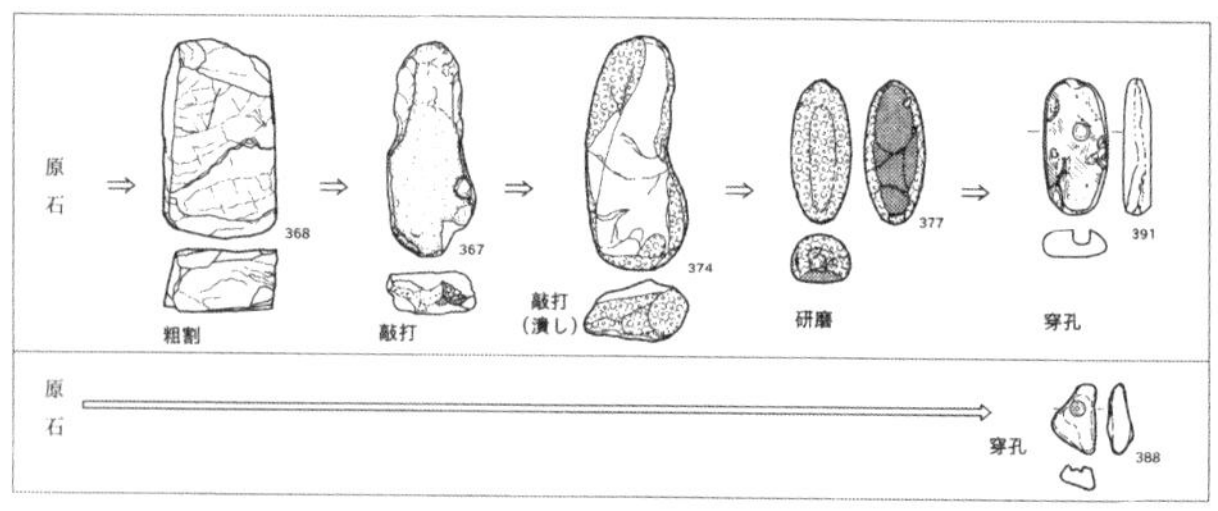

❻玉（翡翠製大珠）の製作工程
糸魚川市教育委員会 2016 より

❼玉と斧の加工具（砥石・敲石）
写真提供：長者ケ原考古館

し、加工技術と流通ネットワークを駆使したことであろう。姫川流域は玉と斧だけではなく加工具の素材をも容易に調達できた石材環境であった。そして、硬い翡翠の加工は縄文時代早期末まで遡る斧と玉類の製作技術を基礎として成立したことを示し、それらの流通も縄文時代中期以降の玉と斧の広がりと無関係ではないと容易に想定できる。もちろん、西と東の境界、海と山の接点にあり、周辺地域の様々な影響を常に受けていた姫川下流域の地域性や周辺地域との距離感も全方位的な広域流通と大いに関係したものと考える。

問題は、それらの製作に要する労力、時間の確保であろう。翡翠や透閃石岩は硬く、規則的な剥離を望めないことから、形を整え、孔を開けるには多大な労力と時間を要したと想定できる。自給自足的な生活でそうした余剰を生み出せたのであろうか。集落の三～五㎞圏内には砂丘、湿地、変化に富んだ海辺、急流河川、緩やかな河川、河岸段丘、丘陵地が広がり、二〇〇〇m級の山並みも間近に迫るこの地域の高低差のある多様な自然環境は、多種類の動植物の生息を予見できる。多量な食料の調達は期待できないが、気候等に大きく左右されずに多様な食料と生活物資を比較的容易に獲得できる環境にあったともいえる。

6、大地と歴史

ブランドの玉と斧の素材となった翡翠と透閃石岩は産出地限定の稀少石材である。しかし、列島各地の変成岩帯にもその産出は確認できることから、豊かな石材環境に加え伝統の加工技術と周辺地域とのネットワーク、多様な自然環境がもたらす安定した食料と生活物資から生み出された労力と時間の余剰といったものが、姫川下流域の専業的なブランドの玉と斧の生産を可能にしたのではないか。

そして、海原の先に見える島、半島、山、そして屏風のような山並みは、外界への憧れを誘い、外界からの「まれびと」を警戒しつつも歓迎する風土を生み出すに充分である。

ブランドの玉と斧を各地に供給した姫川下流域の遺跡は、この地域の大地と歴史が密接に関わっていることを如実に示している。地質、地形、地理、気候、景観といったその地を取り巻く大地とそこで育んできた歴史が新たな歴史を生みだしたのである。

参考文献

・木島勉「第一章 縄文時代の翡翠文化」（松原聡・横山一己編『特別展 翡翠展 東洋の至宝』毎日新聞社 二〇〇四）
・木島勉・寺崎裕助・山岸洋一『長者ケ原遺跡』（同成社、二〇〇七年）
・糸魚川市教育委員会『史跡 長者ケ原遺跡 第６次～第13次埋蔵文化財発掘調査報告書 石　器・石製品編』（二〇一六年）
・木島勉「ヒスイ原産地での玉類製作」（栗島義明編『身を飾る縄文人』雄山閣、二〇一九年）

第4部　出土したモノたちはわれわれに何を語りかけるのか

13

思いがけない掘り出し物からわかったこと

地域史から列島史への寄与
――柳沢遺跡の銅戈と銅鐸

【キーワード】
・青銅器文化
・発掘調査
・祭祀の地域性

柳生俊樹

1、はじめに

二〇〇七年十月十七日のことである。長野県埋蔵文化財センターによる発掘調査が行われていた長野県中野市の柳沢遺跡。調査区の隅に設けたトレンチの壁面で、思いがけず、弥生時代の青銅器「銅戈」が発見された。調査が進行するにつれ、銅戈だけでなく銅鐸も埋まっていることがわかり、最終的には銅戈八本と銅鐸五個を埋納した「青銅器埋納坑」の存在が明らかになった。複数の青銅器の一括埋納は、近畿・中国・四国ではいくつも例があるが、東日本では初現であった。柳沢遺跡の名が全国に喧伝されることになったのである。

発見当時の熱気は、「長野県埋蔵文化財センター：二〇〇八」に詳しく記録されている。また、長野県埋蔵文化財センターの精鋭をはじめ、県内外の弥生研究者や青銅器研究者の頭脳を総動員した調査研究の成果を収めた報告書は、二〇一二年に刊行された（廣田ほか：二〇一二）。

報告書刊行の翌年、柳沢遺跡の出土品は、長野県から中野市に移管され、中野市立博物館に保管・展示されている。また、二〇一四年八月には、出土品のうち銅戈・銅鐸を含む二一二点が重要文化財に指定された。

さて、私は、二〇一六年から中野市教育委員会に勤務し、柳沢遺跡出土品の普及・公開の業務に携わっている。そのような立場から、柳沢遺跡の銅戈・銅鐸について紹介するとともに、私の考えるところの資料的な意義について述べたい。

2、柳沢遺跡の調査

柳沢遺跡は、長野県の北部、中野市の最北に位置する。東西およそ六〇〇メートル、南北およそ八〇〇メートルの広い範囲が、縄文時代、弥生時代、古墳時代、平安時代、中世、近世の遺跡として周知されている。西は千曲川（信濃川）と夜間瀬川に面し、東は高社山の斜面に広がっている。遺跡周辺は、高社山がせり出すことによって盆地が狭まって地形上の境界が形作られており、北が飯山盆地、南が善光寺平（長野盆地）となっている。この立地は、後述するように、青銅器の埋納を考えるときに重要な要素となる。

この遺跡における初の本格的発掘調査が、長野県埋蔵文化財センターによる調査であった。柳沢地区は、千曲川と夜間瀬川の合流点に面するため、しばしば水害に見舞われてきた。水害の解消を目指し、国土交通省千曲川河川事務所による築堤事業が進められていたが、予定地が遺跡に該当することが判明したため、二〇〇六年から二〇〇八年にかけて、記録保存のための発掘調査が行われたのである。

検出された遺構・遺物を、青銅器に関連するものに絞って紹介しよう。青銅器埋納坑のほか、竪穴住居跡四軒、それに付随すると考えられる礫床木棺墓二基（７区礫床木棺墓群）、不整方形の溝で囲まれ一八基の礫床木棺墓から成る特異な墓群（6A区礫床木棺墓群）、壺が多量に投棄された祭祀土坑（２２５１号土坑）などがある。弥生時代中期後葉から後期前葉の水田跡も、関連遺構と言えるだろう。また、シカを線刻で描いた土器（壺）も出土しており、シカを神聖視する西日本的な宗教観を共有していた証として注目される（【表１】）。

柳沢遺跡

３、柳沢青銅器の概要

柳沢遺跡で出土した青銅器は、銅戈八本、銅鐸五個である。おおむね弥生時代中期中葉から後葉にかけて、つまり近畿編年のⅢ様式からⅣ様式、北信地方編年の栗林式期の範囲で製作されたものである。

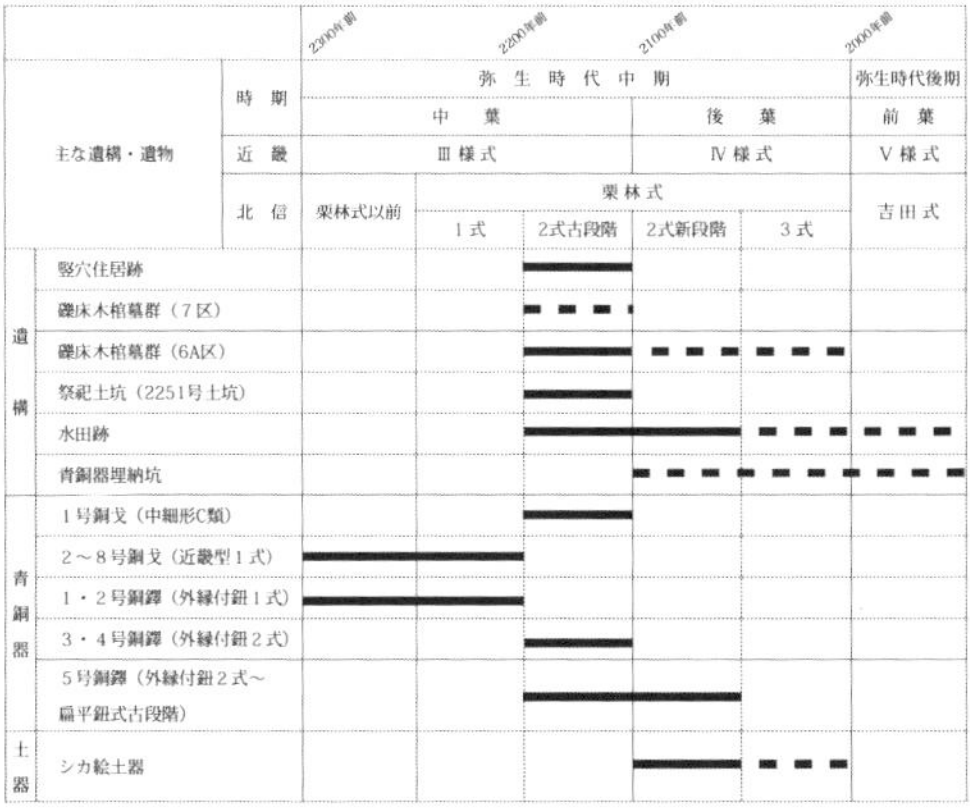

主な遺構・遺物		2300年前		2200年前	2100年前		2000年前
	時期	弥生時代中期					弥生時代後期
		中葉			後葉		前葉
	近畿	Ⅲ様式			Ⅳ様式		Ⅴ様式
	北信	栗林式以前	栗林式				吉田式
			1式	2式古段階	2式新段階	3式	
遺構	竪穴住居跡			━━━			
遺構	礫床木棺墓群（7区）			- - -			
遺構	礫床木棺墓群（6A区）			━━━	- - -	- - -	
遺構	祭祀土坑（2251号土坑）			━━━			
遺構	水田跡			━━━	━━━	- - -	- - -
遺構	青銅器埋納坑				- - -	- - -	- - -
青銅器	1号銅戈（中細形C類）			━━━			
青銅器	2～8号銅戈（近畿型1式）	━━━	━━━				
青銅器	1・2号銅鐸（外縁付鈕1式）	━━━	━━━				
青銅器	3・4号銅鐸（外縁付鈕2式）			━━━			
青銅器	5号銅鐸（外縁付鈕2式～扁平鈕式古段階）			━━━	━━━		
土器	シカ絵土器				━━━	- - -	

【表1】柳沢遺跡における青銅器関連の遺構・遺物

銅戈のうち一本、1号銅戈は九州型（中細形C類）、あとの七本は近畿型（大阪湾型）である。長さ二二～三六センチ。九州型の銅戈が、中国地方以東で発見されたことや、近畿型と共伴したことは初めての例であり、日本列島における青銅器の流通の理解に問題を投げかけている。

銅鐸は、1号・2号銅鐸が外縁付鈕1式、3号・4号銅鐸が外縁付鈕2式、5号銅鐸が外縁付鈕2式もしくは扁平鈕式古段階である。伝統的な銅鐸観では、「聞く銅鐸」に相当する。いずれも推定高二〇センチほどで、小型品である。比較的残存状態のよい1号銅鐸や2号銅鐸を見ると、表面はかなり摩耗が進んでおり、文様が不鮮明である。また、内面の突帯も摩耗し、使い込まれた（激しく鳴らされた）形跡がある。

これらを埋納した土坑は、発見時、重機による掘削で一部が破壊され、銅鐸の大部分が遺構から遊離してしまった。それでも貴重な情報が得られている。すなわち、銅戈について、刃を立てて埋めていたことが確認されたのである。西日本の埋納例と共通する方法である。青銅器の取り扱いの厳格な約束事が忠実に守られており、西日本の青銅器文化がハードとソフトの両面で正確に移植されたとみなすことができる。

北信地方への青銅器文化の移植にあたって大きな役割を果たしたのが、おそらく北陸地方である。北陸地方では、銅鐸に関しては、石川県河北郡内灘町（河北潟）で出土した扁平鈕式新段階銅鐸を東限として、破片を含め一三例の出土が知られている（外縁付鈕２式〜突線鈕２式）。また、石川県小松市八日市地方遺跡や新潟県上越市吹上遺跡で、銅鐸及び銅戈を模した土製品が出土するなど、青銅器文化の浸透を物語る資料がある。

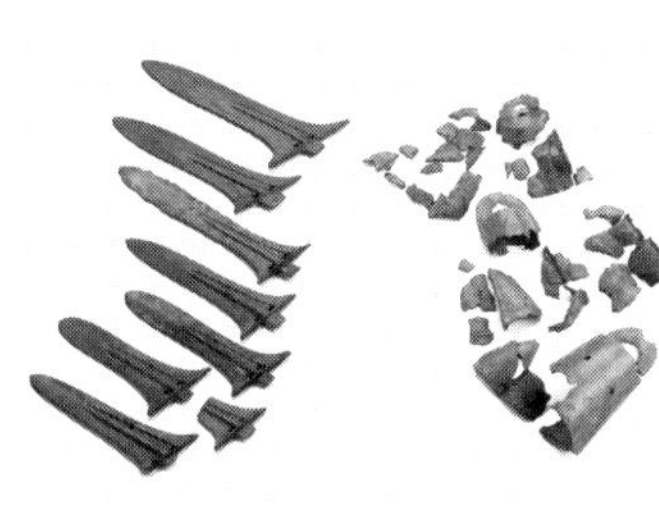

柳沢遺跡で出土した銅戈・銅鐸

その北陸地方と北信地方の関係は極めて深い。例えば、北信地方の栗林式土器が北陸地方へと運ばれ、逆に北陸地方の小松式土器が北信地方に流入している。また、北信地方の特産である火成岩製の太型蛤刃石斧（榎田型石斧）が、西は福井県域まで達しているし、北陸地方で製作された玉類（緑色凝灰岩や鉄石英製）が北信地方に運ばれている。こうした相互交流の中で、北信地方の弥生人は、青銅器文化に接し、青銅器及び関連する祭祀を導入するに至ったのであろう。

４、北信地方における青銅器文化の展開

青銅器埋納坑

青銅器が搬入された年代は、製作年代の相違から二段階に分けることができる。すなわち、2～8号銅戈と1・2号銅鐸が二二〇〇年前頃（栗林1式から2式古段階）、1号銅戈と3～5号銅鐸が二一〇〇年前頃（栗林2式新段階）である。搬入に携わったのは、物資や情報が集まってくる拠点的な集落に住んでいた有力集団に違いない。彼らがどこに居住したのかは判然としないが、拠点集落の候補としては、善光寺平北部の南大原遺跡や栗林遺跡（中野市）、南部の中俣遺跡や松原遺跡（長野市）などを挙げることができる。長期に渡って集落が存続していることが、その目安となる（【表2】）。残念ながら直接的な裏付けはないが、青銅器文化の受け入れに何らかの関わりがありそうである。

ちなみに、柳沢遺跡が除外されるのは、集落規模が小さく、また存続期間も短いからである。また、青銅器が埋納された時点では無人であった可能性も高い（【表1】）。いずれにしても、今後、北信地方の集落遺跡の動態を詳しく検討することで、明らかになるだろう。

さて、北信地方の弥生人たちの祈りとともにあった青銅祭器は、何らかの理由によって役割を終え、まとめて柳沢遺跡の地に埋納された。埋納坑は、弥生時代中期から後期の土器を包含する土層で覆われており、弥生時代後期を埋納の下限とみなし得る。およそ二〇〇〇年前のことであ

遺跡名			栗林式以前	1式	2式古段階	2式新段階	3式	吉田式
		年代	2300年前		2200年前	2100年前		2000年前
		時期	弥生時代中期 中葉			弥生時代中期 後葉		弥生時代後期 前葉
		近畿	Ⅲ様式			Ⅳ様式		Ⅴ様式
		北信	栗林式以前	栗林式 1式	栗林式 2式古段階	栗林式 2式新段階	栗林式 3式	吉田式
飯山盆地	飯山市	岡峰				○	○	
		照丘			○	○		
		上野		○	○	○		
		小泉		○	○	○		
		北原				○		
		田草川尻						○
善光寺平	中野市	柳沢			○			
		琵琶島		○				
		川久保						○
		千田						○
		七瀬			○			
		南大原		○	○	○	○	○
		栗林			○	○	○	○
		吉田宮脇（五里原）						○
		西条・岩船遺跡群					○	○
	長野市	檀田		○	○			
		吉田高校グランド						○
		中俣		○	○	○	○	
		榎田				○		
		松原		○	○	○	○	○
		篠ノ井遺跡群（聖川）	○	○	○	○	○	
		塩崎遺跡群（松節）	○					○

【表２】北信地方における主要な弥生時代遺跡の集落動態

る。柳沢遺跡の地に埋納されたのは、飯山盆地と善光寺平の境界にあり、地域のランドマークとなり得る高社山の麓であることから、善光寺平の集団から認識しやすい場所であったためであろう（廣田ほか：二〇一二）。

ただ、埋納の目的について、地中保管なのか、奉献なのか、廃棄なのか、一致した見解はなく、課題となっている。

５、柳沢以前の発見について

ところで、柳沢遺跡における青銅器の発見は、しばしば従来の弥生時代観を覆したと言われる。西日本的な青銅器文化の世界が、一気に東へ拡張した印象からであろう。

ただ、注意したいのは、長野県内では、柳沢遺跡の発見以前から、青銅器の存在が知られていたことである。例えば、千曲市箭塚遺跡で出土した銅剣、大町市海ノ口上諏訪神社に伝わる銅戈（近畿型）、塩尻市柴宮遺跡で出土した銅鐸（突線鈕3式）、松本市宮渕（宮渕本村遺跡？）で出土した銅鐸片（突線鈕3式）である。いずれも考古学的な情報は不十分である。しかし、柴宮遺跡出土銅鐸では、鰭を上下にして横位で埋めるという西日本的な埋納作法も観察されている。

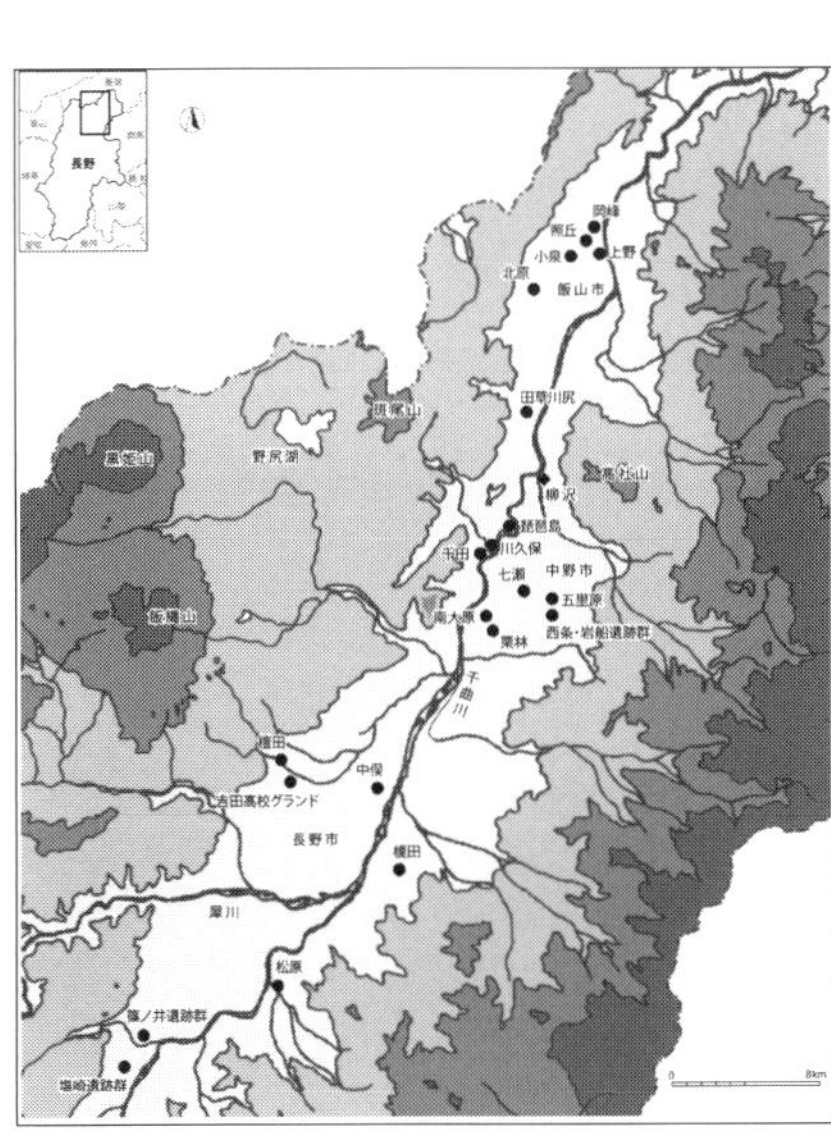

北信地方における主要な弥生時代遺跡

また、桐原健によると、現在は散逸してしまったが、東信地方に四例の銅鐸（扁平鈕式～突線鈕式）が存在していた。いずれも個人蔵品で出土地不明とのことである（桐原：二〇〇二）。資料的な価値は劣るが、その情報は考慮しておくべきであろう。

さらに、石戈、つまり銅戈模倣の石製品が、多数知られていることも見逃せない。中野市内でも、栗林遺跡や笠倉遺跡で出土している。これらの石戈は、長野市榎田遺跡で未製品が出土していることを考慮すれば、搬入品ではなく在地で製作されたものであろう（馬場：二〇〇八）。とすれば、弥生人たちが実際に銅戈を目にしたことになり、間接的に銅戈の存在を裏付けている。

こうして見ると、柳沢青銅器は見つかるべくして見つかった、とも言えるのである。柳沢遺跡における発見の重要性を否定するわけではないが、これまでの考古学研究の蓄積も忘れてはならないと思う。

6、柳沢青銅器研究の射程：地域史から列島史へ

では、柳沢青銅器の意義はどこにあるのか。それについて私見を述べ、まとめとしたい。

近年の弥生青銅器研究の動向を見ると、広域に渡る共通性がありながら、実際には地域性も色濃くあったのではないか、その点を考慮していく必要があるのではないか、と感じている。

例えば、青銅器の埋納場所の多様性である。かつては、集落から離れた場所に埋められるのが一般的と考えられてきた。例えば、島根県雲南市加茂岩倉遺跡（銅鐸三九個）、出雲市神庭荒神谷遺跡（銅鐸六個・銅矛一六本・銅剣三五八本）、兵庫県神戸市桜ヶ丘（銅鐸一四個・銅戈七本）、滋賀県野洲市大岩山（銅鐸二四個）といった事例で、いずれも集落から離れた山や丘の頂から少し下った地点に埋められていた。

ところが、全国各地で発掘調査が進展するにつれて、こうした事例が典型的とは言えないこと

がわかってきた。上記のような人里離れた場所ではなく、集落内など、人目に触れやすい場所に埋納されたことが明らかな事例が増えている。その他、集落の縁辺や墓域、さらには河川や泉の近傍に埋納されたと考えられる例もある（石橋：二〇一二）。もちろん、従来の解釈を完全に否定するものではないが、ひとつの解釈で説明できない状況になってきたことはたしかである。

また、埋納された銅鐸には、身にあたって音を出す振り子（＝舌）を伴わないことが通例であったが、二〇一五年に兵庫県南あわじ市で発見された七例（松帆銅鐸）では、全てが舌を伴っていた。近隣でも同様に舌を伴う銅鐸が江戸時代に発見されていることから、南あわじ市域周辺における埋納の地域的特徴であった可能性が指摘されている（難波：二〇一九）。つまり、そこに祭祀を執行する側の主体性が読み取れるのではないか、ということである。上述の埋納場所の多様性にも通じるものであろう。

それに、考えてみれば、銅戈と銅鐸を一括して埋納することも、決して標準的な事例とは言えない。銅戈をはじめとした武器形青銅器だけ、あるいは銅鐸だけという例が圧倒的に多いのである。青銅器の種別にも、使用者（祭祀の執行者）の意志が反映している可能性がある。

このような状況で求められるのは、個々の事例の詳細な検討の積み重ねであろう。その点、柳沢青銅器は、非常に良好な資料と言える。考古学的な調査の過程で出土した事例として、柳沢遺跡はもとより、北信地方における弥生時代の広範な考古資料の中に銅戈・銅鐸を位置づけて検討することできるからである。そのような検討は、第一には、北信地方の弥生時代社会にとっての青銅器文化を考えることであり、地域史的課題である。しかし、その射程は、地域史にとどまらない。上述のように、青銅器文化には地域ごとの多様性が見え始めたので、列島における弥生時代の青銅器文化の研究に、必ずや寄与することだろう。そこに、柳沢青銅器の考古学的意義があると私は考えている。

参考文献

・石橋茂登「銅鐸埋納地の占地について」（『文化財論叢：奈良文化財研究所創立60周年記念論文集』奈良文化財研究所、二〇一二年）
・桐原健「信濃国に存在した銅鐸の集成」（『平出博物館紀要』一九号、二〇〇二年）
・長野県埋蔵文化財センター『速報写真グラフ 北信濃 柳沢遺跡の銅戈・銅鐸』（信濃毎日新聞社、二〇〇八年）
・難波洋三「松帆銅鐸の調査と研究」（兵庫県立考古博物館編『淡路島松帆銅鐸と弥生社会（季刊考古学・別冊28）』雄山閣、二〇一九年）
・馬場伸一郎「武器形石製品と弥生中期栗林式文化」（川崎保編『赤い土器のクニの考古学』雄山閣、二〇〇八年）
・廣田和穂ほか『中野市　柳沢遺跡』（長野県埋蔵文化財センター、二〇一二年）

14

いまだ謎につつまれた古代遺跡

奥信濃の弥生王墓はいつ出現したか
——根塚遺跡と北陸系土器

【キーワード】
・弥生時代
・鉄剣と墳丘墓
・土器の編年

室　正一

1、はじめに

長野県の東北部、飯山盆地の千曲川河東には、根塚遺跡という弥生時代の遺跡がある。平成八年（一九九六）に朝鮮半島由来の鉄剣が、平成十二年（二〇〇〇）に丸い墳丘墓が発見され、「赤い土器のクニの王墓」として紹介されたこともある遺跡だ（❶）。

ところが、発見から二〇年以上が経過した現在においても、根塚遺跡の評価は定まっていない。大変重要な遺跡にもかかわらず、全体像や出土経過等がわかりにくいためである。

この遺跡を紹介するにあたって、一つの問いを中心に記述を進めたい。それは根塚遺跡の核心である鉄剣と墳丘墓が「いつ現れたか」という初歩的な問いである。この問いはやがて、奥信濃の古墳出現期を考えることにつながる。カギとなるのは、在地の「赤い土器」こと「箱清水式土器」（弥生時代後期後半）に混じる「北陸系土器」なのだが、本稿ではこの土器を焦点に、根塚遺跡が出現した時期を考えてみたい。

❶ 根塚遺跡と大塚（右）、平塚（奥）。平塚からの道を通すための調査で、鉄剣が見つかった。

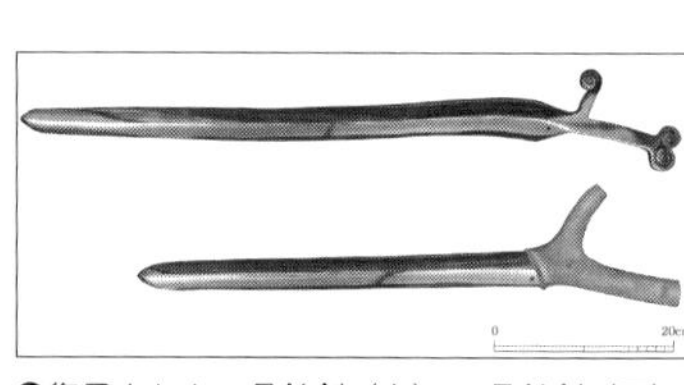

❷復元された２号鉄剣（上）、３号鉄剣（下）２号鉄剣は鹿角装鉄剣をモデルに作られたという説がある。

２、根塚遺跡から出土したもの

根塚遺跡には、弥生時代の鉄剣が三本出土している（❷）。その形状と出土地点は異質である。一号と二号の鉄剣は、三号が出土した墳丘墓の埋葬施設とは離れ、丘陵の裾部から出土している。地表からわずか三〇センチ、この部分だけに広がる固い粘土層の下からである。一号、三号は鹿の角を柄にした「鹿角装（ろっかくそう）鉄剣」と考えられ、二号は柄にワラビのような渦巻飾りが三つ付いた異形の剣である。後に「渦巻紋装飾付（うずまきもんそうしょくつき）鉄剣」と名付けられ、「根塚の鉄剣」といえば、ほぼこの剣のことである。

鉄剣はどれも長剣の部類に入る。一号は五六センチ、二号は七四センチ、三号は四七・四センチを測る。原材料は朝鮮半島南部、後に伽耶（かや）と呼ばれる一帯の鉄だと分析されている。ただし、どこで鍛造されたかについては議論がある。それは日韓の鍛造技術や、鉄剣がもたらされた経路などのテーマに関わるが、ここでは立ち入らない。

❸円形墳丘の中心に木棺墓がある。（◇）は古段階の土器群。（☆）は新段階の土器群。（△）は吉田式土器の位置

一号、二号鉄剣が埋まっていた場所から、東へ丘頂に向かうと墳丘墓に至る（❸）。ここに川原石を集めてきて、直径約二〇メートルの円形墳丘に貼り付けているが、古墳のように全周はしない。墳丘は南側斜面にせり出すように造られているので、北東部は貼り石もまばらになるためだ。この墳丘の中心に、根塚遺跡の主が眠っていた。

埋葬施設は木の板を組み合わせた木棺墓で、内部に三号鉄剣、碧玉（緑）と鉄石英（赤）の極細管玉、スカイブルーのガラス小玉という鮮やかな副葬品が収められていた。それを埋めた土の上には、通常の土器より小ぶりな土器群（写真の☆）が出土し、これにまぎれて管玉（薄緑）、ヒスイ製勾玉、有孔砥石といった希少品も出土している。

木棺墓をとり巻くように、馬蹄形の溝らしきものがめぐる。この南側からは通常サイズの土器（写真の◇）が出土し、こちらは貯蔵具（壺、甕）と食器（高坏、鉢）がセットになっていたようである。土器群はまとまって、山石を四角く配した特殊遺構の周りから出土している。ただしこの資料をめぐっては、後述の理由で墳丘墓を考える際には参照されないことが多い。

「北陸系土器」については、墳丘墓上の土器群に混ざり甕形土器が、二号鉄剣と同じく粘土層の

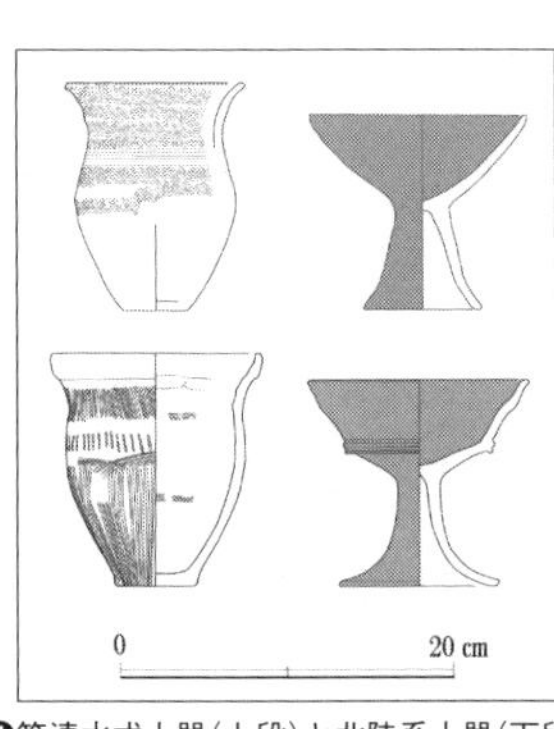

❹箱清水式土器（上段）と北陸系土器（下段）

下から高坏形土器がそれぞれ発見されている（❹）。この土器の時期が判明すれば、他の地域の遺物や遺跡との併行関係をすり合わせることができるようになる。ただしこの資料に着目する前に、根塚遺跡の評価を左右している問題について知っておく必要がある。

3、貼石円丘の墳丘墓をめぐって

根塚遺跡は、遺跡そのものの類例がない。特に貼り石を施した丸い墳丘墓となると、出現の背景すらわかっていない。そのなかの馬蹄形の窪みを周溝とすれば、北信に広く存在する円形周溝墓（えんけいしゅうこうぼ）が類例になるが、その外周に円丘がつく例はない。この遺跡を納得するために、研究者はここで二手に意見が分かれる。

①貼り石の円丘は、木棺墓の上に古墳が増築され、後世に削られたものである。

②貼り石の円丘も含めて、弥生時代の墳丘墓である。

①の説は、墳丘に貼り石を施すようになるのは古墳時代からだ、という前提からの仮説である。上部を削られたのも、鎌倉〜室町時代の改変から考えられることで、さらにこの主体部付近から、古墳時代の土師器も少数発見されていることも、この説を補強している。なおこの場合だと、小

❺古段階の土器と山石の特殊遺構

ぶりな土器群と北陸系土器が、木棺墓成立の年代を示すことになる。

　ただし、②の可能性も捨てきれない。ここでは前述した通常サイズの土器群が重要となる（❺）。これらは小ぶりな土器群より古い段階と検討されているが、報告書では「墳丘墓より下」から出土したと扱われた。ところがこれは、墳丘墓が判明する前の第四次調査で出土していたため、位置に疑問符がついた。そこで写真や調査日誌の記述を基に検証したところ、なんと「墳丘墓の上」に復元できた。今後、原図からの見直しにより出土状況が確定できれば、円丘と埋葬施設は同時期に造られた可能性が出てくる。

　またこの場合、①で問題となった貼り石については、未調査の部分であるため、まだ評価を決めることができない。ちなみに、中世の改造は墳丘墓の西側を破壊しており、その一部を少し掘下げたところで、弥生時代後期前半（箱清水式土器の前段階）の「吉田式土器」が完形で出土している。このため、「墳丘墓より下」は吉田式の時代である可能性が高い。

　また、近年発掘された平塚遺跡（根塚から北へ一キロメートル）では、丘陵頂部を円形に削り出した中心に、「丸い墳丘墓」と考えられる遺構が造られていた。これは根塚遺跡に後続する遺跡とされ、飯山市に前方後方墳が出現するより前の「弥生時代終末期」に位置づけられた。こうした知見を加えつつも根塚遺跡の円形墳丘墓をめぐっては、もうしばらく落ち着かない議論が続くと思われる。

４、北陸系土器と箱清水式土器

ここまで見てきたように墳丘墓の時期を決めるには、馬蹄形窪みの南北の、どちらの土器群を対象とするかによって異なる。同じ「箱清水式土器」だが、南側が古段階、北側が新段階となる。加えて二号鉄剣の付近から発見された弥生土器も、この新段階とほぼ同期とされる。問題の北陸系土器は、この新しい時期の箱清水式土器に同伴する。

根塚遺跡の北陸系土器については、弥生時代後期の「法仏(ほうぶつ)式」から、終末期の「月影(つきかげ)式」の境目あたりに位置付ける説が多い。この「後期末」ともとれる時期には、北信地方の北陸系土器も増加してくる傾向にあるが、根塚遺跡の新段階の土器がこの時期とリンクするとなると、古段階の土器を伴うかもしれない墳丘墓の成立は、「後期中葉〜後葉」という時期に引き上げられる可能性も出てくる（❻）。

北陸系土器の流入は、箱清水式土器の成立にかかわる現象として注意されてきた。後期前半の「吉田式」の伝統へ北陸地方経由で西の土器の情報が入り込み、複雑に溶け合って「箱清水式」はできている。また隣接する地域に影響されてか、同じ「箱清水式」であっても、盆地単位で特徴が異なる「地域色」もある。奥信濃では「吉田式」と「箱清水式」の間に「尾崎式」(後期中葉)が提唱された時期もあったが、現在では「箱清水式」に吸収されている。根塚墳丘墓の成立については、遺跡の正確な情報に加え、奥信濃ならではの土器の変遷と、北陸系土器の関係を確認していく作業も必要となる。

北陸系土器増加の時期には、大陸や日本海域からの鉄製品と玉類が、はるばる太平洋側まで流通する。果たして根塚遺跡の出現は、在地の伝統がまだ色濃かった時期(尾崎式期?)であったのか、それとも交流の全盛期(箱清水式期)であったのか、調査と研究はまだ端緒についたばかりである。これが判定できるようになってようやく、根塚遺跡の評価や謎について本格的に議論できるようになるのではないだろうか。

時代区分		北信	根塚遺跡	北陸
弥生時代後期	前葉	吉田式	墳丘墓の下	猫橋式
	中葉	(尾崎式)	古段階	法仏式
	後葉	箱清水式	新段階	
弥生時代終末期				月影式
古墳時代前期		御屋敷式		白江式

❻箱清水式土器と北陸系土器の並行関係

5、むすびに

根塚遺跡の初歩的な問いから、遺物、墳丘墓、出現の時期について紹介してきた。

現在、根塚遺跡は全国の墳丘墓と比べても、比較的古い段階に位置づけられることが多い。他地域の土器との並行関係がすっきりしないままだが、ここから中野・飯山の前方後方墳にどうつながっていくのか。奥信濃の邪馬台国時代は、まだ空白が目立つ。

弥生時代や古墳時代の奥信濃も、例にもれず西からの勢力に征服され、服属するかのような歴史像が陰に陽に語られてきた。しかし、地域で資料を眺めていると、単純にそうだったろうかと思うことがある。根塚遺跡の存在は、それを見直すきっかけを与えてくれているような気がしてならない。

参考文献

・大阪府立弥生文化博物館『弥生クロスロード—再考・信濃の農耕社会—』（二〇〇一年）
・川村浩司『古墳出現期土器の研究』（高志書院、二〇〇三年）
・木島平村教育委員会『根塚遺跡』（二〇〇二年）
・木島平村教育委員会『平塚遺跡』（二〇二〇年）
・木島平村ふるさと資料館『県指定史跡　根塚遺跡』文化財ガイドブック⑥（木島平村教育委員会、二〇一九年）
・桐原健「彌生式文化」（『信濃史料』第一巻下、一九五六年）
・桐原健「信越両国間交流についての考古学的所見」（『信濃』第三二巻第一二号、一九八〇年）
・田嶋明人「古墳確立期土器の広域編年…東日本を対象とした検討（その3）…」（『石川県埋蔵文化財情報』第二二号、二〇〇九年）
・室正一「根塚遺跡読本」（『弥生時代における東西交流の実態—広域的な連動性を問う—』、二〇一九年）

15

古代社会の実態が刻まれた木を読み解く

屋代木簡からみえる古代の役人の教養
―『論語』はなぜ読まれたのか

【キーワード】
・木簡資料
・古代の役人
・『論語』

三星　潤

1、屋代木簡とは何か

一九九四年に更埴市（現千曲市）屋代の上信越自動車道の発掘現場から、古代の木簡や木製品が多数発見され、この遺跡は屋代遺跡群と呼ばれるようになった。

木簡とは、簡単に言えば「墨で文字が書かれた木片」を指す。地中の水分の多い場所で、木片が完全に腐らなかったために残った資料である。屋代遺跡群から出土した木簡（以下、屋代木簡と呼ぶ）は、七世紀後半から八世紀前半に断続的に廃棄されたと見られている。長野県ではこれ以前に古代の木簡の出土例はなかったが、屋代木簡は信濃の古代史を明らかにする素材として突如脚光を浴びることとなった。また、この木簡群は信濃の古代史にとどまらず、古代の地方行政や地方社会の実態を物語る重要な資料として位置付けられている。

本稿では、屋代木簡の記載から、古代における地方の役人の教養について読み取ってみたい。

2、屋代木簡に記された『論語』

屋代木簡には、古代における教養について窺えるものがある。それは、『論語』が書かれた以下の二点の木簡である。

屋代遺跡群出土木簡　四五号

亦楽乎人不知而□〔慍カ〕

この一点目の木簡は、左右両端に欠損があり、木簡の下部にいくほど文字の左右の部分が失われているため判読が困難であったが、調査の結果、『論語』学而第一の「子曰、学而時習之、不亦説乎。有朋自遠方来、不亦楽乎。人不知而不慍、不亦君子乎。」の傍線部の九文字を書いたものと判断された。この部分は、一般的には次のように読む。

子曰く、学びて時にこれを習う、亦た説ばしからずや。朋有り遠方より来たる、亦た楽しからずや。人知らずして慍らず、亦た君子ならずや。

現代語訳をすると、以下のようになる。

先生は言われた。「学んだことをしかるべき時に復習するのは、本当に喜ばしいことである。友人が遠方から来てくれるのは、いかにも楽しいことだ。人が認めてくれなくても腹を立てないのは、それこそ立派な人物である。」

『論語』の記載がある二点目の木簡は、以下のものである。

屋代遺跡群出土木簡　三五号

子曰学是不思

この木簡の文言は、『論語』為政（いせい）第二にある「子曰、学而不思則罔。思而不学則殆。」の冒頭部分の六文字にあたると判断された。ただし、四文字目の「而」は木簡では「是」と記されている。また、六文字目の「思」より下の部分は、文字面が削り取られたため墨痕が残っていないと思われる。この部分も有名であるが、読み下しをすると、

子曰く、学んで思わざれば則ち罔（くら）し。思うて学ばざれば則ち殆（あや）うし。

となる。現代語訳は次の通りである。

先生は言われた。「学んでも自分で考えなければ混乱するばかりである。考えても学ばなければ、独断に陥って危険である。」

木簡の分類の一つに習書（しゅうしょ）木簡と呼ばれるものがあり、文字の練習をしたり、書物の一部を書き記したりしたものを指す。この『論語』が記された屋代木簡も、文言の記憶、控えなどのために抜き書きした木簡であると考えられている。このような『論語』が記された木簡は、古代における学問や教養を考える上での好材料となる。

3、古代における『論語』の位置付け

古代における『論語』の位置付けを考える上で見逃せないのは、『論語』は都にあった大学という学校の教科書に指定されていたという点である。古代の大学は現代の大学とは異なり、役人を養成する目的で設置された学校である。大学に入学した学生は、『論語』と『孝経』を必修科目として学ぶことになっていた。このことから、『論語』は役人になる者が学ぶべき基礎的な書物であったことが知られる。

日本古代の大学は、中国の制度を模倣して設置された。中国では、『論語』は初学者が学ぶ基礎的な書物として機能してきた。中国における読書の順序は、異なる漢字を千字集めて詩の形に作った『千字文』という漢字教育用の教科書で読み書きを学んだ後、『論語』や『孝経』に取り組むというものであった。

『論語』の日本への伝来については、百済からの渡来人である王仁が、『論語』と『千字文』を日本にもたらしたという伝承がある。この伝承は、『論語』と『千字文』の日本における普及を示すだけでなく、これらが日本においても初学者が用いる基礎的な書物であったために、この伝承で取り上げられたと考えられている。

平安時代においても、『論語』を初学者用の教科書としていたことが確認できる。藤原頼長の日記である『台記』には、後に左大臣となる藤原頼長が幼時に『孝経』を習い、保延二年（一一三六）

に十七歳で初学者用の教科書の『蒙求』を学んだ後、翌年に『論語』を読んだことが書かれている。これは平安時代末期でも、『論語』が初学者用の教科書として使用されたことを示している。

以上のことから、『論語』は日本古代でも初学者用の教科書として使用されており、役人が学んでおくべき基礎的な書物として位置付けられていたことが分かる。

4、役人が『論語』を学ぶ理由

『論語』を記した木簡は、藤原宮などの都で出土しているほか、屋代遺跡群以外にも徳島県徳島市の観音寺遺跡など地方の遺跡でも出土している。

屋代遺跡群は、郡の支配を行う役所である信濃国埴科郡家や、信濃国の支配を行う役所にあたる国府の初期のものが存在した可能性が指摘されている。屋代遺跡群出土の『論語』木簡からは、信濃という都から遠く離れた地方であっても『論語』が普及していたことが分かる。また、『論語』を書いたのは、地方の役所で働く下級役人であったことが窺える。

古代には、役人の登用機関として都に大学があり、地方には郡の役人の子弟を教育する目的で国学という学校が設置されていた。『論語』は学校の教科書として使用されていたが、地方の役所で働く下級役人全員が大学や国学で学んだわけではない。学校を経由せずに、役人に登用される方法も存在したからである。大学や国学で学んでいなくても、地方の下級役人は『論語』を記すことができた。それは、『論語』が基礎的な書物であるとともに、役人として求められていた教養であったためであろう。

日本古代では、中国を模倣した律令という法律に基づいて国家運営がされていたが、律令の背景をなす理念として儒教が重要な役割を担っており、儒教の基本である『論語』は役人にとって必要な教養であった。

また、律令の規定をみると、郡の下級役人である主政・主帳になる条件として、書と計算に優れていることを挙げている。郡の下級役人といっても、漢字で文章を書く能力と基礎的な計算能力を身に付けておくことが要求されたのである。屋代遺跡群からは『論語』が書かれた木簡の他に、九九を記した木簡（屋代遺跡群出土木簡　八一・一一六・一一七号）も出土している。現在の九九とは異なり、「九九　八十一」から始まっているが、これは中国に起源を持つ形である。また、日本古代の大学には算術を学ぶ学科があり、教員の算博士二人と学生の算生三〇人が置かれていた。これらのことから、九九も中国の影響を受けており、漢字で文章を書く能力とともに、基礎的な計算能力も地方の役人にとって必要不可欠であったことが分かる。

和銅三年（七一〇）に遷都した平城京の跡から木簡が大量に出土して以来、古代の役人が漢字で文章を書いて、役所の仕事を行っていたことが判明した。当初は、都ならではの特殊事情と考えられていたが、屋代遺跡群をはじめ地方の遺跡からも木簡が出土し、発掘調査が進むにつれて木簡の出土は全国に及んだ。地方にも律令に書かれている役所が実際に存在し、役人が文書を作成していた状況が次第に明らかになった。現在では、漢字の普及は都だけの特別なことではなく、地方でもかなりの水準に達していたと考えられるようになり、七世紀後半には八世紀と同じように、役人が漢字を使って仕事をしていたことが確実になってきたのである。

各地の遺跡から出土した木簡からは、地方でも漢字文化が広く展開しており、下級役人は『論語』などの初学者用の書物や九九のような計算に関する基礎的な知識を持って、役所の仕事を行っていたことが窺える。このような状況においては、役人にとって『論語』の学習は教養としてだけではなく、文字能力の習得という実際的な意味を持っていたと考えられる。

5、木簡資料が持つ可能性

屋代遺跡群から出土した二点の『論語』木簡は、一九九六年の報告書刊行以後の再調査により確認されたものである。技術の進展により、出土直後の調査では読むことができなかった文字が後になって判明するということは、木簡においてはしばしば見られることである。

古代の役人の登用機関であった大学に関係する木簡で言えば、平城宮跡で出土した木簡に「破（は）斯清道（しきよみち）」という人名が記されていることが、二〇一六年に話題となった。この木簡は一九六六年に出土したものであったが、全体的に腐蝕が激しく「清道」の前の二文字は読むことができていなかった。しかし、赤外線による文字読み取り調査により、解読できていなかった文字が読めるようになり、「清道」の前の二文字が「破斯」であることが判明したのである。「破斯」とは現在のイラン付近にあったペルシャを意味しており、「破斯清道」はペルシャ人と考えられている。木簡の内容は、「破斯清道」が役人として宿直勤務に従事していたことを示しており、八世紀の日本の国際色豊かな様子が窺える資料として注目を集めた。

『論語』が記された屋代木簡や「破斯清道」の木簡から分かるように、既に出土している木簡も、今後の調査や研究の進展により新しい歴史的事実が判明することもあるかもしれない。また、これまで木簡が出土していない信越地域であっても、今後木簡が出土する可能性もある。このように木簡というのは、様々な可能性を秘めた資料であると言えよう。今後も信越地域の木簡の出土や研究の進展状況を注視していきたい。

参考文献

・二星潤「日本古代の大学と官人登用」（『ヒストリア』一九八、二〇〇六年）
・東野治之『正倉院文書と木簡の研究』（塙書房、一九七七年）
・平川南『古代地方木簡の研究』（吉川弘文館、二〇〇三年）
・三上喜孝『日本古代の文字と地方社会』（吉川弘文館、二〇一三年）

・傳田伊史『古代信濃の地域社会構造』（同成社、二〇一七年）
・長野県埋蔵文化財センター編『長野県屋代遺跡群出土木簡』（一九九六年）
・長野県埋蔵文化財センター編『上信越自動車道埋蔵文化財発掘調査報告書二八　更埴条里遺跡・屋代遺跡群』（二〇〇〇年）
・長野市誌編さん委員会編『長野市誌』第二巻　歴史編　原始・古代・中世（二〇〇〇年）
・平川南編『古代日本の文字世界』（大修館書店、二〇〇〇年）

〔付記〕本稿は、ＪＳＰＳ科研費　十八Ｋ一三〇八二の助成を受けたものである。

16

消えた歴史を復元する

まぼろしの古代寺院　雨宮廃寺

——古瓦の向こうにみえる古代の信越

【キーワード】
・古代寺院
・古瓦の可能性
・仁和の洪水

平林大樹

1、雨宮廃寺と古代の瓦

雨宮廃寺は、長野県千曲市大字雨宮に所在した古代寺院であり、七世紀の終わりころに建立された埴科郡の郡寺ないしは氏寺と考えられている（❶）。長野県域には、古代寺院の推定地が数多くあるが、発掘調査によって遺構が発見されているのは、信濃国分寺（上田市）のほか、雨宮廃寺（千曲市）や明科廃寺（安曇野市）などに限られる。

古代寺院の姿をあきらかにする方法はいくつかあるが、瓦は数が多く、発掘調査を経なくても採集資料から分析することができる。また表面には製作した痕跡が残るため、こまかな特徴をていねいに調べ、他の寺院の瓦と比べることで、製作組織やそれを支える体制、寺院同士の関係をあきらかにすることができる。研究者の手腕次第で饒舌な歴史資料に変化をとげる。研究資料としての瓦の魅力がここにある。本稿では雨宮廃寺の瓦を例に、製作、流通、使用、廃棄というライフヒストリーを追いながら、古代寺院の盛衰と信越の交流を素描してみたい。

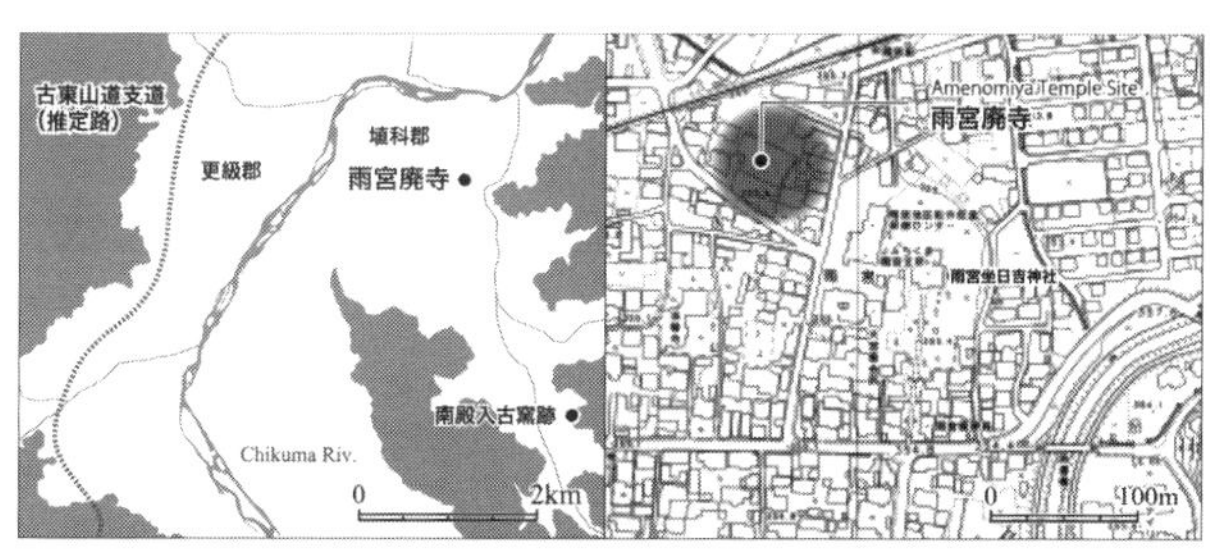

上：❶雨宮廃寺と周辺の遺跡　／　下：❷1：瓦集中区　2：出土瓦

2、発見された雨宮廃寺

旧長野電鉄屋代線雨宮駅の周辺では、古瓦を採集できることが古くからしられていた。

昭和三十七年（一九六二）冬、屋代地区の条里水田跡を調査していた更埴市条里遺構調査会の考古班は、寺院と条里地割との関係をあきらかにするため、推定地の一角を調査した（長野県教育委員会編：一九六八年）。調査の結果、礎石の列や石列、石敷が見つかり、南北にならぶ二棟の建物跡が推定された。まぼろしの古代寺院がここにすがたを現したのである。以後、この寺院跡は、「雨宮廃寺」として学界にしられるようになる。

昭和三十七年の調査地点については、古い時代の調査であり、正確な位置は不明なままであったが、平成三年（一九九一）春に、更埴市教育委員会が実施した緊急調査で、埋め戻されていた調査地点が確認され、位置が特定された（更埴市教育委員会：一九九一年）。この調査で特筆すべきは、調査区南端の「瓦集中区」で、わずか四平方メートルの範囲に、一、七〇〇点をこえる古瓦が出土したことである（❷）。寺院跡の調査で大量の瓦が出土した事例は、明科廃寺（安曇野市）などに限られており、稀有な事例である。古代寺院の伽藍は、塔や金堂、講堂と周囲を囲む塀から構成されるが、調査でみつかった石敷きについては講堂を想定する意見もある。

3、瓦をつくる

こんにち、建物の屋根には、丸瓦と平瓦が一体となった桟瓦がもちいられる。一方、古代の瓦は、板を湾曲したような平瓦と、平瓦の間にかぶせる丸瓦を組み合わせて屋根に葺かれていた。本瓦葺きと呼び、現在でもこうした方法で瓦を葺く寺院は多い（❸）。

古代の瓦はつぎのような手順でつくられた。①平瓦は、桶のような木枠に布をかぶせ、板状の粘土をまきつける。丸瓦の場合は　円筒の木型に、布の袋をかぶせ、材料の粘土をまきつける。②叩き板で、粘土を叩き締める。③木枠から離した瓦を、二枚、四枚にそれぞれ分割する。

その結果、瓦の片面には布の跡が、もう片面には、叩いた跡が残る。平瓦と丸瓦のうち、とくに軒先部分に葺かれるものを軒平瓦、軒丸瓦と呼ぶ。研究者が注目するのは、瓦当という軒丸瓦

❸瓦の名称

の先端部分である。寺院を訪れた人の目に止まるシンボリックな部分であり、寺院ごとにことなる模様がきざまれる。瓦当は文様を掘り込んだ木型（専門用語では「范」とよぶ）に粘土を押し付けてつくられるが、出土した瓦が、同じ型からつくられたかどうかは、製作の具体を考える重要な手がかりである。

雨宮廃寺から出土した瓦当は、全体のデザインこそ同じであるが、細部の寸法や形がことなることから、いくつかの型を使って製作したことがわかる。

一方で、同じ型からつくられた瓦当部がみつかることもある。後で述べる栗原遺跡（妙高市）の瓦を観察した筆者は、二点の瓦に小さな凸線があることに気づいた（❹三角印の箇所）。これは粘土を木型にくりかえし押し付けていくうちに、小さな裂け目が生まれ、そこに入り込んだ粘土が凸線としてあらわれたものである。

どちらの凸線も文様配置のなかで同じ位置にあり、同じ型からつくられた根拠となる。また、瓦当Bの方が凸線は大きい。この瓦当をつくるときには、瓦当Aよりも裂け目が広がったためであり、瓦当Bの方が、後につくられたものと考えることができる。

こうした情報は、報告書に掲載された拓本や写真をみるだけではわからないことがほとんどで、研究者が自分の目で観察することであらたな事実があきらかになる。もっとも、ここ数年で三次元計測の技術は急速に進展しており、そう遠くない将来に、インターネット上に詳細な三次元データが公開されるようになれば、実資料を見に行くという研究スタイルにも変化が訪れるかもしれない。

４、瓦はどこで焼いたか

大量の瓦はどこで焼かれたのであろうか。雨宮廃寺で最も残りの良い軒平瓦は一枚四kgもの重さがある。重い瓦を大量に運搬する労力を考えれば、寺院からほど近いところに窯跡がつくられたと考えるのが、第一に挙げるべき仮説である。これを裏付けるように、県内の寺院推定地では近隣に瓦窯跡がみつかることが多い。雨宮廃寺から三キロメートルほど離れた森地区の山中にも、瓦を採集できる場所があり、南殿入古窯跡として、遺跡に登録されている（❶左上）。

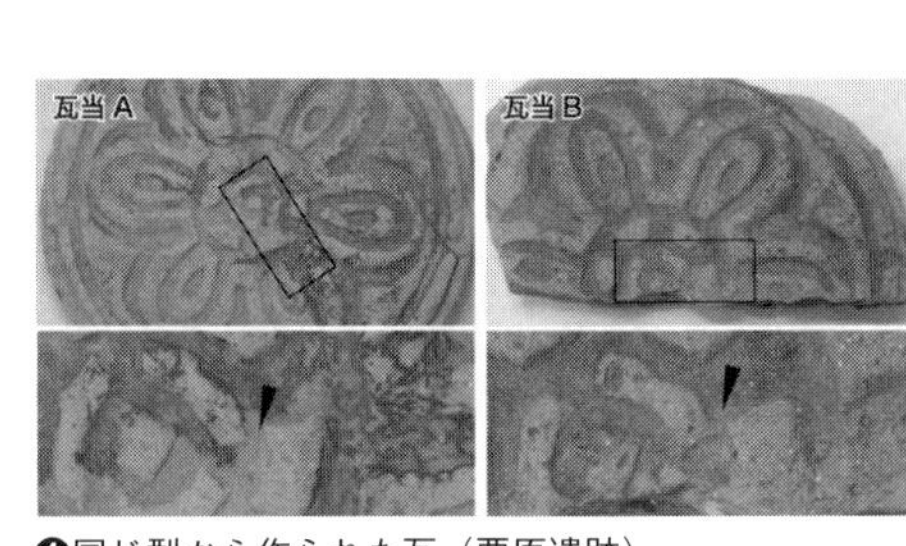

❹同じ型から作られた瓦（栗原遺跡）

では、ここで焼かれた瓦が雨宮廃寺創建時の瓦に使われたかというとそう単純ではない。鳥羽英継によれば、つくり方や材料土の質、焼き上がり方に違いがあり、雨宮廃寺の瓦集中区で出土した瓦とはことなるという（鳥羽：二〇一四年）。

後でのべるように、雨宮廃寺は複数回の瓦の葺き替えが想定されており、鳥羽の主張にしたがえば、破損瓦の取り替えのために焼かれた補修瓦となる。あるいは、雨宮廃寺の未発見建物の瓦に用いられた可能性も視野に入れる必要がある。

実態の解明はまだ先になりそうだが、地方寺院造立にともなう瓦供給のありかたや瓦の葺き替え、建て替えの有無を考えるうえで、重要な資料であることは確かである。

5　似た文様を持つ瓦

雨宮廃寺では、二度の調査がおこなわれているが、瓦当の出土はわずか数点である。発掘調査で出てくるのはほとんどが平瓦で、完全な軒丸瓦となればさらに数は限られる。正確に計測したわけではないが、この傾向はおそらくほかの寺院の発掘調査でも同じであろう。博物館で軒丸瓦の瓦当が展示される場合、数あるうちの数点が任意に選ばれているわけではなく、数少ないうちの最も状態のよい数点が展示されていると理解してよいだろう。

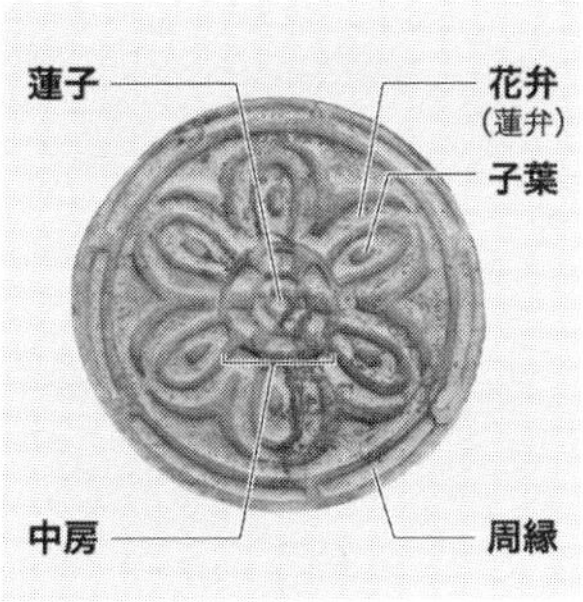

蓮子
花弁（蓮弁）
子葉
中房
周縁

❺瓦当部文様の名称

飛鳥時代から奈良時代の瓦当の文様は、仏教の象徴であるハスの花のモチーフにした「蓮華文（れんげもん）」が主流である。雨宮廃寺では「単弁六葉蓮華文（たんべんろくようれんげもん）」という文様の瓦が出土している。各部の名称は、花の部位に由来するが（❺）、一枚一組の六枚の花弁をもつ蓮華の模様という意味である。

じつは、よく似た文様の瓦当をもつ瓦が頸城郡衙（くびきぐんが）の推定地である新潟県妙高市の栗原遺跡から出土している。この事実は、かつて坂井秀弥が指摘し（坂井：一九八七年）、原田和彦も注目していた（原田：一九九四年）。近年では鳥羽英継が精力的に調査をすすめ、こまかな文様の系譜が整理された（鳥羽：二〇一一年）。そのほかにも雨宮廃寺と系譜関係が指摘されている瓦があきらかになってきており、軒丸瓦にきざまれた文様の系譜の解明は、建立時期の特定や、寺院同士の交流を示す重要な手がかりである。近年の研究にふれつつ、瓦文様の変化をたどってみることにする（❻）。

まず、雨宮廃寺の直接の祖型については、愛知県篠岡二号窯出土の瓦に求めることができる。花弁や子葉の表現、裏面の仕上げ方など、雨宮廃寺と共通点が多いと梶原義実は指摘する（梶原：二〇一七年）。篠岡二号窯の文様構成を引き継ぎつつ、花弁の数を六枚に減らしたのが雨宮廃寺の瓦ということになる。

つぎに雨宮廃寺の瓦と栗原遺跡の瓦を比べると、後者では平面に文様をきざんだような意匠に変わり、立体感が失われている。また花弁の文様も簡略化されている。雨宮廃寺の瓦をもとにしてあらたな型を製作する中で、蓮華のモチーフを簡略化した結果と考えられる。

ここで、対岸の更級郡（さらしなぐん）に位置する上石川廃寺（かみいしかわはいじ）の瓦に注目する。鳥羽によれば、この資料は、立体感が雨宮廃寺に共通するが、突帯状をなす周縁の形状は、栗原遺跡の瓦の特徴と一致する。資

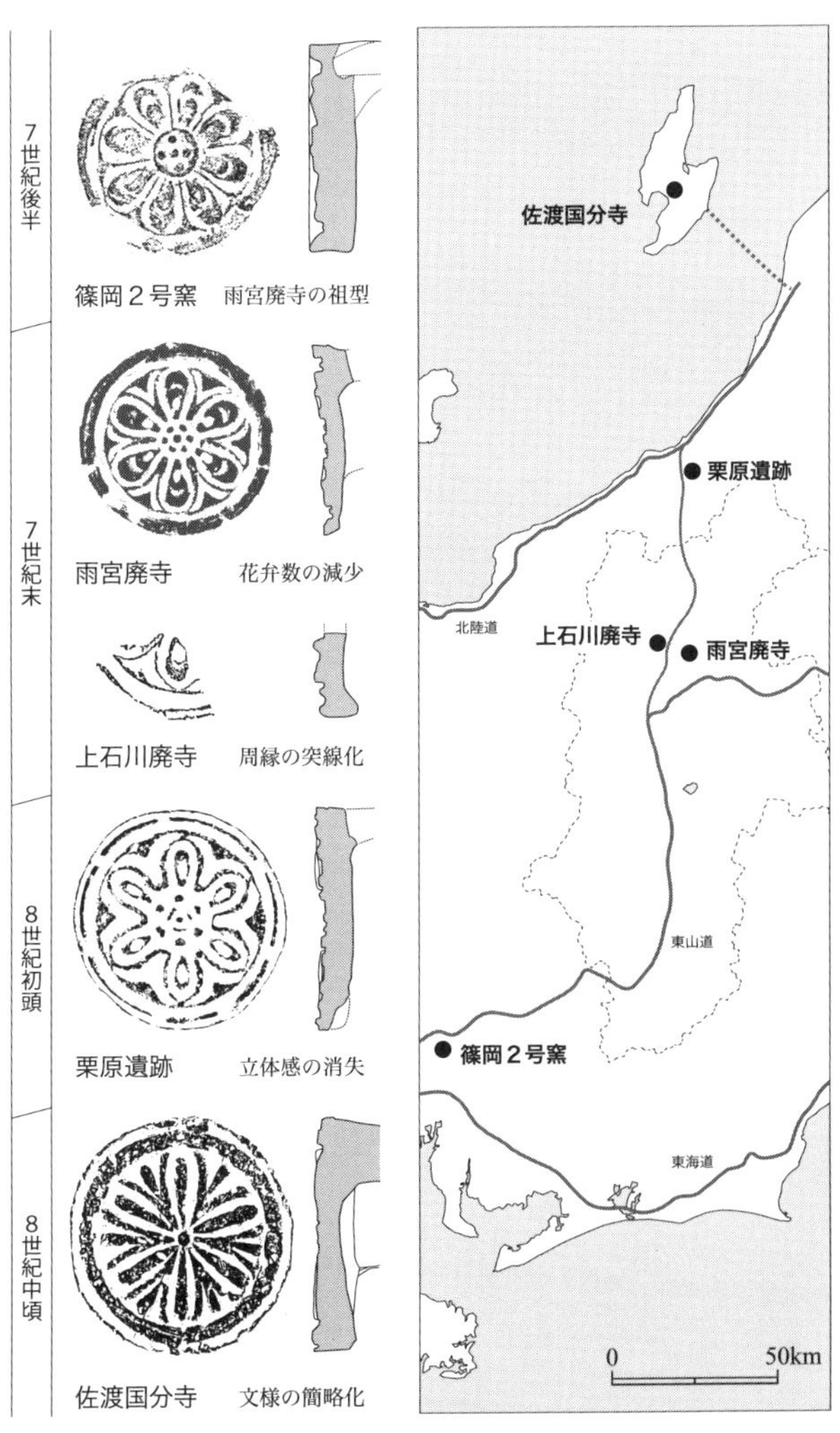

❻瓦当部文様の変化と寺院・遺跡の位置

料が一点しかなく、採集資料であることに不安をもつが、両者の間に位置付けてよければ、雨宮廃寺→上石川廃寺→栗原遺跡という順番でつくられたことがわかる。

栗原遺跡の瓦の文様は佐渡国分寺に継承される。中房は極端に小さくなり、花弁から子葉の表現がなくなるなど、もはや蓮華の原型をとどめないほどに抽象化される。

以上をまとめると、篠岡二号窯→雨宮廃寺→上石川廃寺→栗原遺跡→佐渡国分寺という順序が想定できる。

おおよそ一〇〇年をかけて瓦当のデザインが変化を遂げつつ、リレーされていたことがわかるが、型のみが貸し借りされて瓦がつくられた場合、文様がまったく同じになるはずであるから、文様が変化する背後には瓦の製作に長けた技術者も動いたとみるほうが妥当性は高い。

興味深いことに、五つの寺院・遺跡の位置を地図に落としてみると、古代の交通路にそって立地し、越後に向かうにしたがって、瓦の文様も変化していることがわかる。越後国では、大化三年（六四七）に渟足柵（ぬたりのき）が、大化四年（六四八）に磐舟柵（いわふねのき）がつくられ、信濃から柵戸（きのへ）（移住民）が派遣された。蝦夷の対策という軍事上の目的で、東山道から支道を経て北陸道に入るルートが重視されたことが想像に難くない。こうした政治的事情をひとつの背景として、ヒトとモノがセットになった技術の供与や移転が、郡や国をこえて活発におこなわれた可能性が高いだろう。

瓦や型をたずさえて、山道を越えた瓦工人の姿が目にうかぶようである。

6、瓦の葺き替えとリサイクル

京都や奈良などの街を歩くと、土と瓦を交互に積みかさねた塀を目にする。その中に古そうな瓦をみつけると、心おどることがある。考古学に親しんできた筆者の「職業病」である。

瓦は丈夫なので、転用されることも多い。雨宮廃寺に近接する屋代遺跡群Ｇ地区では、竪穴建物跡のカマドの芯材に丸瓦一枚、平瓦二枚が使われていた（更埴市教育委員会：二〇〇二年）。大きさも手ごろで、頑丈な瓦は絶好の素材であったのだろう。さきに記した雨宮廃寺の「瓦集中区」に完全な形の瓦が一つも含まれていない点は重要である。「瓦集中区」の正体とは、葺き替え時に、屋根から下ろされた破損瓦を構築材として使用した基壇（土台）である可能性が高い。

奈良県東大寺の正倉院では平成二八年、解体修理にともなう瓦の調査がおこなわれた。その結果、葺かれていた丸瓦では七、一六五本のうち一〇五本が、平瓦は一一、六九五枚のうち、七三九枚が奈良時代の瓦であったという（芦田：二〇二〇年）。割合にすれば１％から２％に過ぎないが、地方の古代寺院の瓦が発掘調査や採集でしか発見されないことを考えれば、一、三〇〇歳の瓦が現役で正倉院を守っていること自体が驚くべきことである。きちんと焼かれた瓦は千年を超える耐久性があることを我々に教えてくれる。

ところで、北信濃の南端に住む筆者が、上越国境を車で通過するたびに気付くことがある。それは、住宅の屋根がトタン葺きに変わることである。新潟県は雪が多いことでしられる。トタンが使われるのは、雪による落下を防ぐためである。ここで、雨宮廃寺や栗原遺跡の瓦葺きの建物が、果たして信越地域の風土や気候に合致していたのかという素朴な疑問が浮かぶ。栗原遺跡が所在する妙高市は信越国境に近く、新潟県でも屈指の豪雪地帯に位置する。雨宮廃寺が所在する千曲市も雪こそ多くないが、冬期間は氷点下の日が続く。越前国坂井郡桑原庄では、天平勝宝七年（七五五）に「雪押伏、更遷修理立」（『寧楽遺文』中巻）という建物倒壊の記述がある。雪国において、瓦葺きの建物を維持していくことは、大きな労力であったのだろう。

リサイクルの背景には、技術的な未熟さによる瓦の焼成不良や施工不良、当地の風土と合わないことによる落下や破損なども少なからずあったのではなかったか。再利用された瓦には労苦の履歴が残されているように筆者は思う。

7、雨宮廃寺の終焉

平安時代の歴史書である『日本三大実録』には、貞観八年（八六六）に「埴科郡屋代寺」を含む、信濃国の五つの寺が、官大寺や国分寺につぐ格式をもった寺院である「定額寺（じょうがくじ）」になったことが記されている。現在この地にのこる地名から類推しても、調査で確認された雨宮廃寺が「屋代寺（おくだいじ）」に比定されることは確実であり、このころまで寺院が存在していたことがわかる。ただし、寺院の伽藍の範囲と思われる場所からは、この頃の住居跡がみつかっており、「定額寺」になってまもなく寺院が廃絶した可能性が高い。

その二二年後の仁和四年（八八八）五月、千曲川流域一帯に未曾有の災害が発生する。いわゆる「仁和の洪水」である。冒頭で述べたように、雨宮廃寺の発見のきっかけになったのは全国初の条里遺構の総合調査であったが、この調査では、表面にみえる条里水田は古代まで連続せず、間に厚い砂層が堆積していることがわかった。一九九〇年代以降の研究の進展によって、この砂層こそが、『日本紀略』や『類聚三代格』、『扶桑略記』に「信濃国山頽れ河溢る」と記された大洪水にともなうものであることが確実視されている。

そのメカニズムはつぎのとおりである、仁和三年（八八七）の地震で、北八ヶ岳の山体が崩れ、千曲川の上流を堰き止めた。この河道閉塞によって生じた天然ダムの湛水量は約五億㎥にも及ぶと想定されている。超巨大な天然ダムは翌年五月二十八日（旧暦）に崩壊し、千曲川流域を大洪水が襲った。条里水田の発掘調査をおこなうと、厚い砂の層に覆われた水田や住居が見つかる。水田には人や牛馬の足跡がはっきりとのこり、畔の脇には、完全な形の土器が転がっていることも多い。砂にパックされた痕跡を目にするたびに災害のすさまじさに驚かされる。

さいわいにも雨宮廃寺の場所は自然堤防上にあり、洪水の影響こそ少なかったとみられるが、埴科郡、更級郡一帯が、壊滅的な被害を受けたことは確実であり、その後、雨宮廃寺に後続する寺院が建立された記録や遺跡の痕跡も見当たらない。

こうして、雨宮廃寺は歴史に消えた、まぼろしの寺院となった。

参考文献

・『地下に発見された更埴市条里遺構の研究』（長野県教育委員会編、一九六八年）
・坂井秀弥「栗原遺跡」「向橋瓦窯跡」「本長者原廃寺」『北陸の古代寺院―その源流と古瓦―』（桂書房、一九八七年）
・『平成二年度更埴市埋蔵文化財発掘調査報告書』（更埴市教育委員会、一九九一年）
・原田和彦「千曲川流域における古代寺院―研究の前提として―」『長野市立博物館紀要』第二号（長野市立博物館、一九九四年）
・『屋代遺跡群附松田館―重要遺跡範囲確認調査報告書―』（更埴市教育委員会、二〇〇二年）
・鳥羽英継「上石川廃寺の単弁六葉蓮華文軒丸瓦から見えるもの」『長野県考古学会誌』一三五・一三六（長野県考古学会、二〇一一年）
・鳥羽英継「屋代地域にも古代の瓦が―千曲市森発見の瓦窯　南殿入窯について―」『ちょうま』三五号（更埴郷土を知る会、二〇一四年）
・梶原義実「信越地方の国分寺瓦」『名古屋大学文学部研究論集（史学五三）』（二〇一七年）
・芦田淳一「正倉院正倉屋根瓦の編年と資料的価値」『正倉院紀要』第四二号（宮内庁正倉院事務所、二〇二〇年）

挿図出典・写真出典

❶：筆者作成。❷-1：千曲市教育委員会所蔵。❷-2～❺：筆者撮影。❸の瓦は（公財）新潟県埋蔵文化財調査事業団所蔵。❻：報告書所載の拓本、実測図をもとに筆者作成。瓦の断面図は筆者再製図。

〔付記〕栗原廃寺出土瓦の資料調査では、新潟県埋蔵文化財調査事業団の荒川隆史氏、田中祐樹氏にお世話になった。また、鳥羽英継氏からは雨宮廃寺出土瓦に関するご教示を賜った。記して感謝申し上げる。

第5部　近代化が信越地域にもたらしたもの

17

藩校日記から読み解く、幕末・信州松代の教育事情

時間割が映す幕末日本

【キーワード】
・藩校役人の日記
・幕末の時間割
・西洋砲術の稽古

野村駿介

1、はじめに

長野市松代町（まつしろまち）は、松代城を中心とする城下町である。松代城は、戦国時代に甲斐の武田氏が越後の上杉氏に対抗するために築いた海津城を前身とし、城の北側を流れる千曲川を天然の要害とする平城である。日本で最も有名な武士のひとつである真田家が、元和八年（一六二二）に上田からこの地へ移封されてからは、信州最大の石高を誇る都市として発展してきた地域である。

松代城三の丸の南側、現在は市立松代小学校が建っている隣に、藩校の文武学校（ぶんぶがっこう）がある。藩校とは、近世に諸藩が藩士子弟を教育するために設立した教育施設で、全国で二五〇以上も建設されたとされる。現在の文武学校の敷地は五，二八八平方メートル。文学所・西序・東序といった教室建物を中心に、弓術所・剣術所・柔術所・槍術所などの稽古場が取り囲むように配置され、当時一般的であった孔子廟（聖堂）にあたる建物が無いことも特徴である（❶）。

文武学校の建物は、明治四年（一八七一）の廃藩置県以降も初等教育の校舎として、取り壊さ

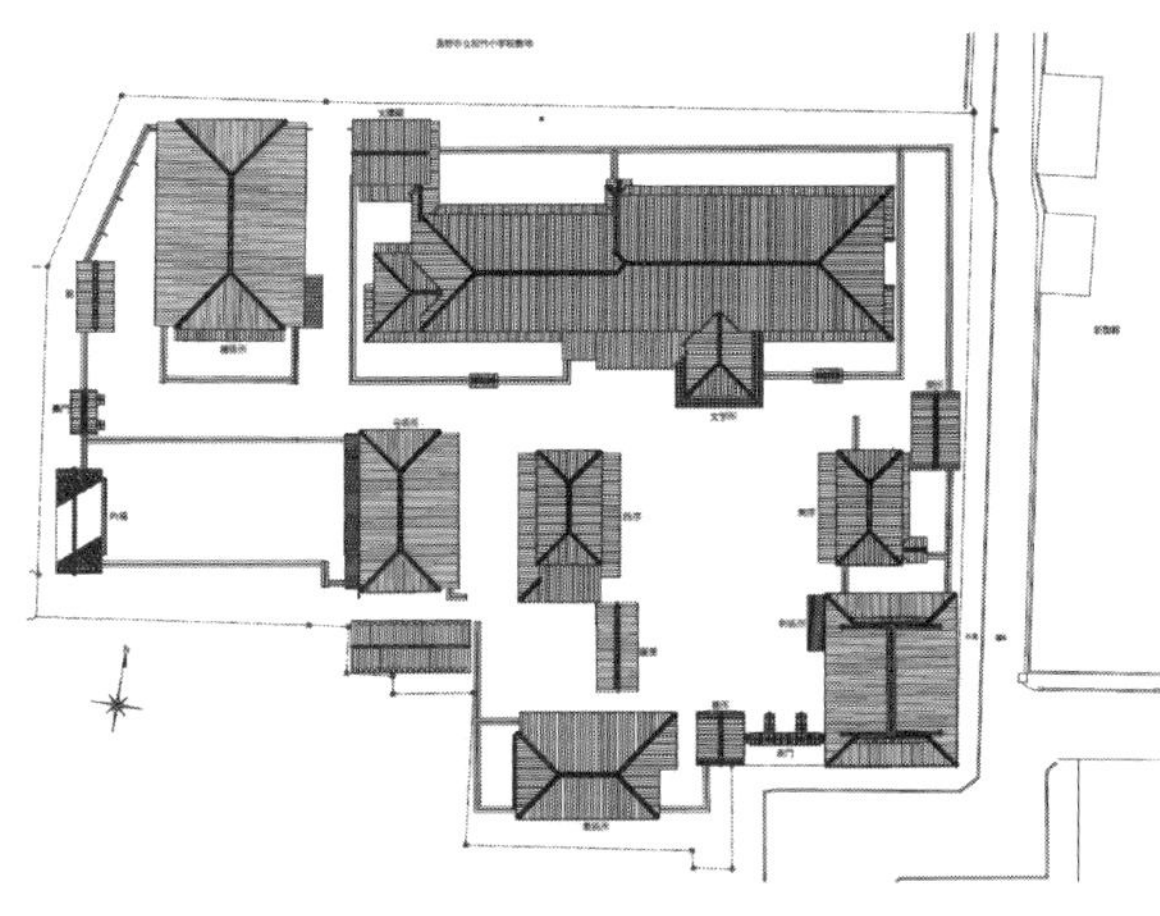

❶文武学校配置図

れることなく増改築を繰り返しながら地域の人々によって使われ続けた。昭和二十八年（一九五三）には、武道場を含めて藩校の全規模が残る稀有な事例であり、「教育史上価値ある遺跡」であると評価され、国の史跡に指定された。その後、昭和四十八年から五年間かけて大規模な修理工事が行われ、長年の間に改築されていた内装や建具などを開校当初の姿へと復元し、文化財として一般公開されるに至った。

一般公開されてからも、地域住民によって武道の練習場や地域学習の教室、現代美術の展示会場などとして幅広く活用されていたが、次第に細部の破損・劣化が激しくなったため、平成二十三年（二〇一一）から再び修理工事が始められた。東日本大震災や令和元年（二〇一九）東日本台風、新型コロナウィルスの流行などを乗り越え、九年後の令和二年十月から再び一般公開が行われている。

2、史料をさがす

こうした文化財の大規模な修理工事を進めるにあたり、文化財の歴史的変遷や本質的価値を明らかにするため、関連する史料の再調査が行われた。松代藩真田家に関する古文書の多くは、長野市松代町にある真田宝物館（長野市教育委員会）と東京都立川市にある国文学研究資料館（大学共同利用機関法人・人間文化研究機構）に収蔵されている。このほか、文武学校については、後身である松代小学校や松代公民館、長野県立歴史館（長野県千曲市）などにも分散していることが今回の調査で判明した。

残存状況の詳細については割愛するが、こうした史料のなかでも、文武学校の運営状況をうかがうために欠かすことができない重要なものが「日記」である（❷）。これは当時、文武学校内で庶務を担当していた藩役人が日々の業務内容を記録したもので、文武学校の建設が具体化した嘉永四年（一八五一）から明治四年の廃藩置県までの期間が断続的に書き継がれている。

3、史料の性格

今回の史料調査では、こうした文武学校に関連する史料の写真撮影と翻刻を実施した。「日記」

だけで原稿用紙二二三九一枚分、そのほか関連する古文書を併せると合計三七〇三枚に及ぶ。

明治二年の「作事方申渡書」には、役人たちが部屋で使ったと思われる箪笥などの図面が残されている。寸法、材質など細かく指示されており、ポンチ絵まで描かれているのが特徴である（❸）。これをもとに役人たちは作事方へ備品を発注するのである（❹）。

文武学校で使われる備品の管理も役人たちの職務であった。「日記」をはじめとする残された史料には、行事次第や師匠人事、修行人の記録、日割、砲術町内稽古（城下での演習）、建物の修理

❷文武学校日記（国文学研究資料館所蔵）

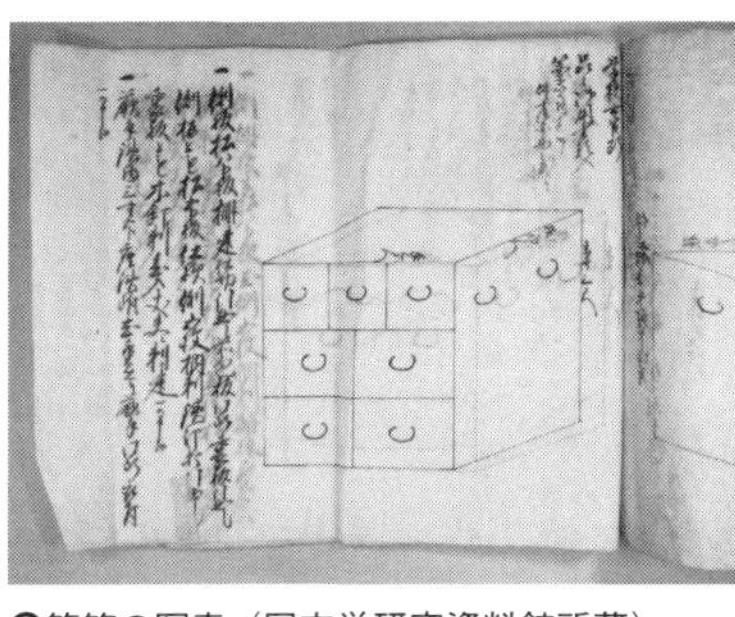

❸箪笥の写真（国文学研究資料館所蔵）

❹御役所の再現展示

6	7	8	9	10
甲州流軍学 日置流雪荷派弓術 神道流剣術 関口新心流柔術 左分利流槍術 田宮流長巻 西洋砲術	甲州流軍学 吉田流弓術 神道流剣術 関口新心流柔術 種田流槍術 西洋砲術	長沼流軍学 日置流雪荷派弓術 真鏡流剣術 無敵流和術 覚天流槍術 田宮流長巻 西洋砲術	軍学 日置流印西派弓術 塚原卜伝流剣術 新当流槍術 左分利流槍術	西洋砲術
輪講 興伝流軍学 日置流印西派弓術 塚原卜伝流剣術 関口新心流柔術 左分利流槍術 種田流槍術 西洋砲術	小笠原流躾方 山鹿流軍学 吉田流弓術 神道流剣術 関口新心流柔術 春日流長刀 西洋砲術	興伝流軍学 日置流弓術 東軍流剣術 起倒流柔術 左分利流槍術 種田流槍術 西洋砲術	椿園流軍学 日置流雪荷派弓術 神道流剣術 塚原卜伝流腰廻 塚原卜伝流槍術 左分利流槍術	西洋砲術

記録など多岐にわたる内容が記録されているが、その多くは、こうした事務仕事に関するものがほとんどで、松代藩がどのような理念のもとで、どのような稽古を行っていたのか、その実態を直接的には語ってはくれない。

例えば、文武学校が開校した安政二年（一八五五）四月二十九日の記事をみてみると、何時にどの身分の藩士がどのような服装で参加するのか、当日はどの部屋に控えて、どのタイミングで出ていくのかといったことが細かく記録されている。史料を残した人物がどのような立場、意図で記録したのかということを踏まえて読み解く必要があるといえる。

4、藩校の学び

文武学校で働く役人たちの職務のひとつに、日割の調整がある。文武学校で行われる稽古は午前と午後の二部制で、各流派の師匠は、一のつく日、二のつく日などと学校役人によって時間を割り振られ、該当する時間に稽古を行った。彼

	1	2	3	4	5
午前	興伝流軍学 吉田流弓術 神道流剣術 関口新心流柔術 新当流槍術	山鹿流軍学 日置流雪荷派弓術 真鏡流剣術 関口新心流柔術 覚天流槍術 種田流槍術	興伝流軍学 日置流印西派弓術 塚原卜伝流剣術 起倒流柔術 左分利流槍術 西洋砲術	椿園流軍学 吉田流弓術 神道流剣術 塚原卜伝流腰廻 種田流槍術 春日流長刀 西洋砲術	日置流弓術 東軍流剣術 田宮流長巻 塚原卜伝流槍術 左分利流槍術
午後	輪講 甲州流軍学 吉田流弓術 神道流剣術 関口新心流柔術 塚原卜伝流槍術 春日流長刀	小笠原流躾方 甲州流軍学 日置流弓術 東軍流剣術 関口新心流柔術 左分利流槍術 田宮流長巻	医学 長沼流軍学 日置流雪荷派弓術 神道流剣術 無敵流和術 左分利流槍術 西洋砲術	軍学 吉田流弓術 神道流剣術 居合 春日流長刀 種田流槍術 西洋砲術	日置流雪荷派弓術 真鏡流剣術 新当流槍術 覚天流槍術

【表】日割

らは文武学校専任の教師として雇われたわけではなく、それぞれが別の役職をもった藩士であり、生徒も彼らのもとに通う「門弟」という扱いであった。

次の【表】は安政二年の開校当初の日割である。座学としては大学などの儒書講義をはじめ、軍学、躾方のほか、黄帝内経をテキストとする東洋医学、ドイツ人医師コンスブリックの医学書（オランダ語訳）を用いた西洋医学の講義も行っていた。一方、武芸については、弓術、剣術、槍術、柔術といった伝統的なものに加え、西洋砲術の稽古も行われていた。

松代藩では、毎年十二月には「御聴聞（ごちょうもん）」と呼ばれる学習成果を発表する機会が設けられていた。これは花の丸御殿の小書院で行われ、素読と講義それぞれについて進捗状況を藩主臨席のもとで発表したのである（❺）。

「日記」とは別に、年月日は不詳ながら、御聴聞の式次第が残されている。藩主をはじめ、家老など藩の重臣が臨席するなか、門弟たちは一人ずつ進み出て発表を行うという恐るべき時間である。

そのような中に息子を送り出す親からの嘆願が「日記」には残されている。

（安政二年二月）

口上書取

倅直治郎儀去春中大病相煩候以来、兎角聢与不仕折々鬱滞仕、十二月中御聞之節も終ニ罷出兼御猶予之儀御内々奉願加養罷在候得共、今以全快不仕、依之尚又奉願候者、恐入候得共来月二日素読御調之儀、今暫之内御猶予被成下候様、何分も宜敷御取成之程御内々奉願候、以上、

藩士・山越右馬允から役人に対して訴えた内容によれば息子・直治郎は昨年の春から大病を患っており、気が滅入ってしまっているため、御聴聞は欠席したが、未だ回復しないので、来月の素読御調（中間発表会のようなものか）も今しばらく猶予が欲しい、というものである。この頃、同様の願いが他からも出されていることを考えると、その緊張感は推して知るべしといえる。

しかしながら実際には稽古に励まない者

❺儒書講義素読御聴聞之御式
（国文学研究資料館所蔵）
奥の部屋は屏風の前に藩主が控えており、中央の部屋には机が一つ置かれている。

が多かったようである。「日記」文久三年（一八六三）正月二十一日条をみると、そのような者は嫡子であれば家督を認めず、次男・三男ならば養子入りを認めない、更には父兄にも処罰を下すという厳しい内容である。一方で優秀な者には金子や書物、武具などを褒美として与えており、まさに飴と鞭で松代藩は文武の修行を奨励していたのであった。

5、藩校の変化

このように文武両道の藩士の育成を目指すために開校した文武学校であったが、時代とともにその中身にも変化があらわれてくる。「日記」にみられる日割の変遷を追っていくと、日本中が明治維新へと向かうにつれ、次第に剣術や槍術、西洋砲術といった実戦的な武芸が重要視されるようになり、弓術や柔術、そして学問全般は日割から削られていくようになる。躾方や医学の教室として建設された西序は、開校後わずか一年で南槍術所として改装、増築され、柔術所も明治元年には大銃製造所となったという普請記録からも、時代とともに「武」に偏重していく学校の姿が読み取れる。

そうしたなかで、松代藩が最も力を入れるようになっていくのは、西洋砲術の稽古であった。「日記」には、城下で行われる砲術稽古の許可願いが数多く提出されているほか、文武学校に通う藩士子弟に対して砲術の稽古に参加することを義務付けるなど、力の入れ様が史料からも伝わってくる。当時、松代城下には多くの角場（鉄砲の射撃場）が設けられていたが、比較的多くの記録がのこる「西越角場（にしこしかくば）」について取り上げてみたい（❻）。

松代城下の西、現在の松代町清野に存在した角場で、もともとは弓術の稽古場であったが、鉄砲や大砲の野外稽古のための場所として使われるようになった。山裾に設けられ、山林に囲まれている。的の裏側には土塁や石垣がめぐり、流れ玉による被害が出ないように配慮されていることがわかる（❼）。松代藩では藩士を韮山の江川英龍のもとに派遣し、西洋砲術を学ばせるなど積極的に情報収集を行っており、洋式銃や大砲の独自製造も推進していた。明治元年に勃発した戊辰戦争では、松代藩は新政府側につき、信濃国十藩の触頭として約二千人の兵を連れて北越から会津へ出兵した。このとき、大砲の弾薬五七一六発、小銃の弾薬九三万五八四九発が使用されたという。

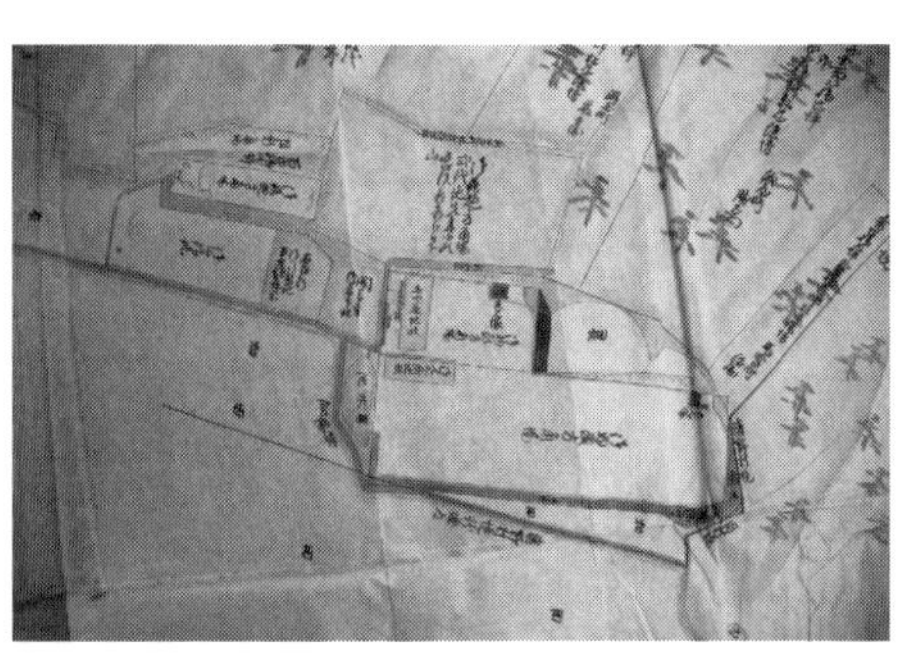
❻西越角場の図面（拡大）（国文学研究資料館所蔵）

松代藩ではこの戦争の経験を踏まえ、軍人士官を養成するために兵制士官学校を文武学校に併設した。これは文武学校に通う藩士子弟のうち、成績優秀なものを選抜して入学させたもので、教官には五稜郭を設計した武田斐三郎を招き、フランス式

❼西越角場を再現した砲術体験展示

の兵学を中心に学ばせたのであった。これに先立って文武学校では、これまでのように師匠と門弟が藩に申請を出して建物を利用するという形式から、役職や身分によって分けられた「組」ごとに稽古を行うようになっていくなど、制度改革が行われていたのであった。

はじめは各師匠と門弟が使う「貸し体育館」にも似た文武学校は、幕末から明治維新へと突き進む激動の時代にあって、次第に藩が主導的に藩士子弟を教練するための機関に変化していったといえるだろう。

6、おわりに

その後の文武学校は、廃藩置県をうけて松代県学校と改称され、十六年間にわたる藩校としての歴史を終えた。明治五年（一八七二）に「学制」が公布され、日本の近代教育がはじまると、時代とともに名前を変えながら、一九六〇年代までの長きにわたり地域の教育に大きな役割を果たし続けてきた。現在でも隣接する松代小学校との関係は継続しており、入学式や卒業式、授業やクラブ活動において活用されるなど親しまれている。

今回の調査を通じて、文武学校の新たな側面が明らかになっただけでなく、これまでに知られていた以外にも、多くの史料が地域に残されていることが改めて浮き彫りとなった。これらの研究や整理については、今後の課題としたい。このように文化財の修理工事では、新たな発見が見つかることも少なくない。身近な地域で行われている事業があれば、ぜひ目を向けるようにしていただければ幸いである。

参考文献

・松代小学校『松代学校沿革史』（一九五三年）
・松代小学校『松代学校沿革史　第二篇』（一九六五年）
・米山一政「真田藩文武学校創建当時の事情について」（『信濃』八月号、一九四二年）
・前田勉『江戸の読書会─会読の思想史─』（平凡社、二〇一二年）
・北村美弥子「史料にみる松代藩文武学校について」（『松代』第三一号、二〇一八年）

18

時代の変化にあわせたものづくり

地域を豊かにした陶器とレンガ
――赤塩窯と鉄道局御用煉化石製造所

【キーワード】
・陶器製作
・レンガ製造
・トンネル開通

小柳義男

1、赤塩焼

長野県上水内郡飯綱町の赤塩毛野に築かれた窯で、江戸時代末から昭和初期まで焼かれた陶器を赤塩焼と呼ぶ。窯は尾張国赤津村（現愛知県瀬戸市））で生まれた加藤栄十郎（栄重郎とも）とその子作治郎（❶）の二代に渡って操業された。

初代の栄十郎は、連れ子の作治郎と共に文久三年（一八六三）七月、赤塩村毛野の小林重左衛門の名跡を継いで小林姓となる。この頃、小林重太郎の娘そのと結婚している。栄十郎が窯を築いたのはこの前後と思われるが、慶応三年（一八六七）正月に亡くなっているので、作陶期間は長くみて三年ほどである。

二代目の作治郎は安政元年（一八五四）三月生まれで、父が亡くなった時には満十三歳になる前であった。その後苦心して技術を習得し、二代目として製作を始めたが軌道に乗ったのは明治十三年（一八八〇）ころのようである。明治三十年代中頃までは栄十郎の築いた七室の房をもつ連

❶小林作治郎（いいづな歴史ふれあい館提供）

❷赤塩焼（いいづな歴史ふれあい館提供）

房式登窯で甕や紅鉢（こね鉢）、すり鉢、片口、徳利などを焼いた（❷）。

それ以降は亡くなる前年の昭和三年（一九二八）まで、農地（明治八年の記録では田畑と屋敷地が一一筆、合計五反四畝を所有）を耕作しつつ、素焼窯により竈、植木鉢、火鉢、火消壺など地域の求めに応じた品を焼き続けたのであった。

2、赤塩窯の製品

窯元の子孫の小林講和家には、作業日誌、年毎の製品の種類やその数がわかる「製造出来高届」、飯山や小布施の商店におろした品や価格を記録した「陶器通帳」など赤塩窯の経営に関わる多くの文書が残されている。

明治十八年（一八八五）に提出された「製造出来高届」によれば、明治十七年（一八八四）の製造数は一〇九八個であった。内訳は、五斗から八合までの一一種類の甕が四七八個、擂鉢が二〇〇個、片口（四つ組）一二〇組、紅鉢（三つ組）六〇組などとなっている。

この製造経費として、二四棚半の薪の代金二四円、釉薬（薬炭石土）に一〇円、中蟹沢（なかかんざわ）の元土三千貫に一〇円四〇銭、布施五明（長野市篠ノ井）から仕入れた合土（耐火土）八〇〇貫に二〇円支払ったことが記録されている。

この年の支出は一〇二円で売上高が一三七円余であるので、三五円余が収入であった。このころ隣接する小学校の訓導の月給は一〇円。年によっては赤字になることもあった作治郎の製陶業は不安定な事業であったようである。

3、鉄道局御用煉化石製造所
廉価（價）舎の設立

明治十九年（一八八六）三月作治郎は長野県内に初めて建設される鉄道「直江津線（信越鉄道：のちの信越本線）」で使用される煉瓦の製造を請負った。敷設される鉄道の近辺で煉瓦を焼ける窯を所持していたのは作治郎だけであった。このため作治郎に白羽の矢が立ったものと思われる。作治郎は近隣の資産家若林貞之助、木田弁治、木田唯治とともに、県内最初の煉瓦工場「廉価舎」を設立する。

廉価舎設立時の「盟約証」が二通残っている。明治十九年（一八八六）三月一日付の盟約証には、鉄道局の煉瓦製造は四名連帯して請負うこと、「四月三十日ヲ期シ壱万五千箇」を製造し係官の検査を受けること、検査で良品とされ採算が取れるなら請負うこと、資金は作治郎（自窯を資金に換える）を除く三名が負担すること、利益（損失）がでたら四等分すること等が記されている。工事の進捗が急であったためか、十日後の同年三月十一日付で新たな盟約証が交わされた。最初の盟約に、「今般各四名に於テ鉄道局御用煉化石製造ヲ請負」こと、八月三十日までに、第一工場（赤塩）で一五万個、第二工場（倉井）で三〇万個製造し、上納することの二点が加わった。作治郎は煉瓦を試作し採算を検討する間もなく、一五万個の煉瓦製造を請負うこととなった。

煉瓦製造の記録

小林講和家には「鐵道局御用煉化石製造所（廉價）舎第一工場」の看板や、製造にかかわった煉瓦の枠、「廉價舎第一工場」と墨書された大きな篩などのほか、廉価舎の職人の名簿や煉瓦製造にかかわる文書も多数残されている（❸）。廉価舎の実態がうかがえる文書の一部を紹介しよう。

○『職工人夫名籍簿』

明治十九年（一八八六）三月十日から十二月三十一日まで廉価舎で働いた一〇四名の名簿である。名前、出身地、年齢、入舎日、退舎日が記されている。出身地は赤塩村四三名、東柏原村七名、川谷村五名など地元や近隣の村が主であるが、県外からも愛知県（一七名）などから三〇名

❸煉瓦製造関係資料
（いいづな歴史ふれあい館提供）

が入舎している。入舎月は八月二二名、九月一九名、七月一四名などとなっており、七月以降作業が佳境に入ってきたことを思わせる。退舎期日と照らし合わせてみると、最大で五〇名近くが同時に仕事をしていたことがわかる。在舎期間は、八〜九か月七名、七〜八か月四名、六〜七か月三名で長期にわたる人は少なく、一か月未満の者が四四名（十日未満二七名）もいる。思いのほかきつい仕事であったのかもしれない。

○「煉化石製成高帳」

ここには、明治十九年（一八八六）の煉瓦焼成回数や各回の窯詰月日、窯出月日、焼直数、煉瓦製成数、損失数が記録されている。

最初の煉瓦は、五月十五日に窯詰めされ同月十七日に窯出しされた。焼直数は〇個、四〇〇〇個の煉瓦が仕上がり、損失数は二〇〇個であった。以下、六月六日・二十四日、七月九日・二十四日、八月十日・二十日、九月三日・十二日・二十四日、十月九日・十五日・二十八日、十一月五日・十六日、十二月十五日と合計一六回の窯詰めがされている。

一六回分の合計で一二万八一四〇個焼かれたが、焼直（一万三〇八〇個）や損失（六三七一個）があり、製品となったのは一〇万八六八九個であった。九月三日の九四五〇個が最多で、これが赤塩窯で焼ける限界近くの数だったと思われる。

○「廉価舎決算関係書類（仮題）」

明治十九年（一八八六）三月から十二月まで、月別に人夫総計、人夫賃金、原品購入価、駄賃金、雑費、召代食料諸損料等、薪購入代の各項ごとに記録されている。

これをまとめると、人夫総数五一三〇人四分、人夫賃金四五二円三八銭六厘九毛、駄賃金二〇二円八五銭五毛、薪購入代一一六円七四銭七厘五毛、原品購入価一三二円九六銭九厘二毛、雑費三九円五三銭七厘、召代食料諸損料等三五九円一五銭三厘九毛となる。以上を合計すると総額は一三〇三円余になる。

この年の収入がどれほどであったかつかめないが、別の文書に明治十九年度・二十年度分の廉価舎経費をまとめて次のように記している。

信濃国上水内郡赤塩村廉價舎第一工場

明治拾九、二十両年度分

経費　金壱千九百九拾三円〇〇銭三厘七毛

御下　金壱千五百弐拾三円拾七銭四厘

不足　金四百六拾九円八拾弐銭九厘七毛

廉価舎は四六九円余の赤字を出して終業したようである。

4、廉価舎の煉瓦でつくられた隧道

❹戸草隧道（筆者撮影）

廉価舎は、当初計画した一五万個余の煉瓦を明治十九年（一八八六）と二十年（一八八七）の両年で製造し、戸草（現長野県上水内郡信濃町）まで運んだ。この間は直線距離で五・二キロほどであるが、標高差二〇〇メートル以上ある峠を越えていくため道のりは九キロ前後となる。煉瓦五〇個を運んだ駄賃（運賃）は十銭であった。

運ばれた煉瓦は、ともに明治二十年（一八八七）十一月に竣工した戸草と大廻の両隧道（トンネル）に使用されたと伝えられてきた。二つの隧道は、信越本線の（現しなの鉄道北信濃線）古間駅―牟礼駅間に位置し、戸草隧道（❹）は古間駅から南方四五〇メートル程に、大廻隧道は古間駅から一・五キロメートル程の位置になる。二〇一三年には両隧道ともに土木学会推奨土木遺産に選定されている。

『土木遺産「戸草隧道」報告書』の数値（全長一四五・四一メートル、煉瓦を使用したアーチ部分の半径二・四五メートル）をもとに、戸草隧道の煉瓦使用数を計算すると（アーチ部分の表面積を煉瓦一個分（縦七センチ、横二二センチ）の表面積で割る）、六万一八〇〇個ほどになる。隧道は通常四層前後の巻き立て（重なり）が施されるようなので、四層では約二四万七〇〇〇個必要になる。赤塩で焼かれた煉瓦だけでは戸草隧道さえ完成しなかったのである。同様に大廻隧道の煉瓦使用数を計算すると約二〇万七〇〇〇個。二つの隧道で四五万個余の煉瓦が必要であった。二通目の盟約証に記された赤塩・倉井の二工場で製造を予定した四五万個の煉瓦は、戸草・大廻の両隧道での使用を想定した数と思われる。

5、休業していた倉井第二工場

盟約証で三〇万個の煉瓦製造を予定した倉井第二工場の実態は不明であったが、小林家に残る「日記手比加恵帳」の明治十九年（一八八六）八月十日の記録に次のように書かれているのを見つけた。

「倉井第二工場ハ休業スト云、第壱工場ハ何如ナル事有ト雖モ決テ休業致サズ」。第二工場は八月十日に休業が決定されていたのである。作治郎の既存の窯を用いた第一工場においてさえ、最初の煉瓦を窯詰するまで二か月を要している。窯から作り上げる必要のあった第二工場で煉瓦製造が始まっていたのか疑問がある。予定した三十万個は製造されなかったと思われる。休業の理由は明確ではないが、金銭的な負担が大きかったことや、この年八月十五日に直江津―関山間が開業し、新潟県側からの供給にめどが立ったからと思われる。こうした点は、戸草隧道工事を請負った「現業社(げんぎょうしゃ)」との関わりと共に今後の検討課題である。

6、まとめ

信濃国（長野県）最北辺の陶器窯である赤塩窯では、江戸時代末から地元の農民の暮らしに必要な品がつくられ、焼物の大産地から遠いこの地の人々に歓迎されたという。明治十九・二十年（一八八六・一八八七）には、信越を結ぶ鉄道建設（直江津線）に必要な煉瓦を製造し、日本の鉄道網の整備ひいては日本の近代化に大いに貢献した。しかし、鉄道網の整備とともに安価な焼き物が大量に搬入され、作治郎は釉薬を使った陶器づくりを断念することになった。それでも、作治郎は経費の負担が軽い素焼き窯での製品づくりに転じ、地元民の暮らしに必要な品をつくり続けたのである。

参考文献

・小野田滋『鉄道と煉瓦　その歴史とデザイン』（鹿島出版会、二〇〇四年）
・唐木田又士「赤塩窯物語」（『赤塩学校百年誌』、百周年記念誌編纂委員会、一九七四年）
・小林義治「トンネルの煉瓦」（『十五周年記念誌』、飯綱郷土史研究会、二〇〇一年）
・小柳義男「赤塩焼の歴史と窯跡出土遺物」（『飯綱町の歴史と文化』第三号、いいづな歴史ふれあい館、二〇一五年）
・小柳義男「赤塩焼の歴史」（『開館二〇周年記念特別展・信州赤塩焼―北信濃に残る陶工の技―』、いいづな歴史ふれあい館、二〇一八年）
・鉄道建設業協会「直江津線の建設」（『日本鉄道請負業史 明治編』、一九六七年）
・長野工業高等専門学校環境都市学科『土木遺産「戸草隧道」報告書』（土木・環境しなの技術支援センター、二〇一五年）

19

海外から輸入された技術によって花開いた文化のウラ側

日本スキー発祥物語

——越信スキー倶楽部の誕生とその名称

【キーワード】
・スキー術の伝播
・「信越」と「越信」
・矜恃と郷土愛

荒川将

1、日本スキー発祥の地・上越市高田

明治四十四年（一九一一）一月十二日、日本で初めての本格的なスキー指導が陸軍第十三師団歩兵第五十八連隊（現在の上越市高田）で行われた。この日、オーストリア・ハンガリー帝国のテオドール・エドラー・フォン・レルヒ少佐によるスキー指導を受けたのは、五十八連隊の一四名の将校たちであった（❶）。レルヒは日本陸軍の視察を目的に来日し、明治四十四年一月五日から翌明治四十五年一月二十四日までの一年間余り高田に滞在した。レルヒと第十三師団長の長岡外史のめぐりあいこそ、高田でスキー指導がはじまる特別なきっかけだったのである。

レルヒが伝えたスキーは、瞬く間に高田から全国へ広がっていく。スキー講習会、スキー倶楽部、スキー競技会、スキー板の製作、スキー雑誌やスキー菓子、さらにはスキー踊りやスキー民謡など、それらはすべて高田からはじまった。いいかえれば、スキー技術、スキーの組織と普及、スキー用具、そしてスキー産業から文化まで、日本スキーに関わる事柄の源流といえる。

❶レルヒ少佐とスキー専修将校たち
（小熊和助氏撮影、日本スキー発祥記念館）

上越市高田の市街地を一望できる金谷山（かなやさん）には、「大日本スキー発祥之地」と刻まれた記念碑が建っている（❷）。この記念碑は、スキー板を模ったデザインが特徴的であり、高田スキー団と高田市によってレルヒによるスキー指導の舞台となった金谷山に建立された（日本スキー発祥二〇周年記念事業の一環として昭和五年［一九三〇］一月に除幕）。

現在、一月十二日は日本スキーのはじまりの日として「スキーの日」と呼ばれ、上越市は日本スキー発祥の地として広く知られている。日本スキー発祥とは、ただ単に「スキーが伝来した」という意味にとどまらず、スキー術が広く全国へ普及し、スキーが一つの産業や文化へと発展していく、日本スキーのさまざまな事柄の「はじまり」（源流）を意味しているのである。

2、越信スキー倶楽部の誕生

日本におけるスキー倶楽部の嚆矢は、レルヒによるスキー指導から間もない明治四十四年二月

❷「大日本スキー発祥之地」記念碑

に創設された高田スキー倶楽部である。このスキー倶楽部は、全国へのスキーの普及・発展を目的に、翌明治四十五年二月に越信スキー倶楽部（結成は明治四十四年十月、正式な発会式が翌四十五年二月十一日）となり、同年十月さらに日本スキー倶楽部へと発展した。越信スキー倶楽部は、第十三師団長の長岡外史が会長になるなど、レルヒのスキー指導を受けた陸軍第十三師団が中心となり、新潟・長野両県の協力のもと誕生した。急速にスキー熱が高まる中で、長野・長岡・山形・小樽・東京などにつぎつぎと越信スキー倶楽部（日本スキー倶楽部）の支部が創設され、各地域におけるスキー普及の拠点となったのである。この当時の越信スキー倶楽部の徽章（会員章）は、雪輪のなかにスキーと桜を配したデザイン（直径約四㎝）が印象的で、上越市の日本スキー発祥記念館に収蔵されている（❸）。

3、なぜ「信越」スキー倶楽部ではない？

さて、越信スキー倶楽部の名称については、当初「信越」スキー倶楽部という案が有力だったも

❸越信スキー倶楽部会員章

のの、長岡外史の意見で「越信」と決まったといわれている。長岡外史の二男である坂部護郎（さかべごろう）によると、「鉄道は信越線であり、新聞の名も信越日報と新潟、長野両県の仕事には長野が先である。これは東京に近いからだろうが、スキーはちがう。スキーは新潟県で発祥して長野におよんだのだから、越後が上だ。だから越信スキー倶楽部にしたまえ。語呂が悪いのなんか、この場合問題ではない」と、日本スキー発祥の地を意識した長岡外史の強い意向でまとまったという（坂部：一九七二）。

このような越信スキー倶楽部の名称については、明治四十五年一月二十六日付の『高田日報』に興味深い記事がある（❹）。高田日報への投書と思われる「南爽生」なる人物の「偶感一束」と題された記事では、「信越」スキー倶楽部ではなく、「スキーの発祥地たる高田市」がある越後を頭首に冠した「越信」スキー倶楽部の名称を称賛している。

【史料】

⊙信越（ママ）スキー倶楽部は甚だ気に入つた名称なり第一には発音が流暢軟弱でなくして何となく雄健豪宕の気象を表はし自然山谷を縦横に馳駆するの意を含み第二には日本に於けるス

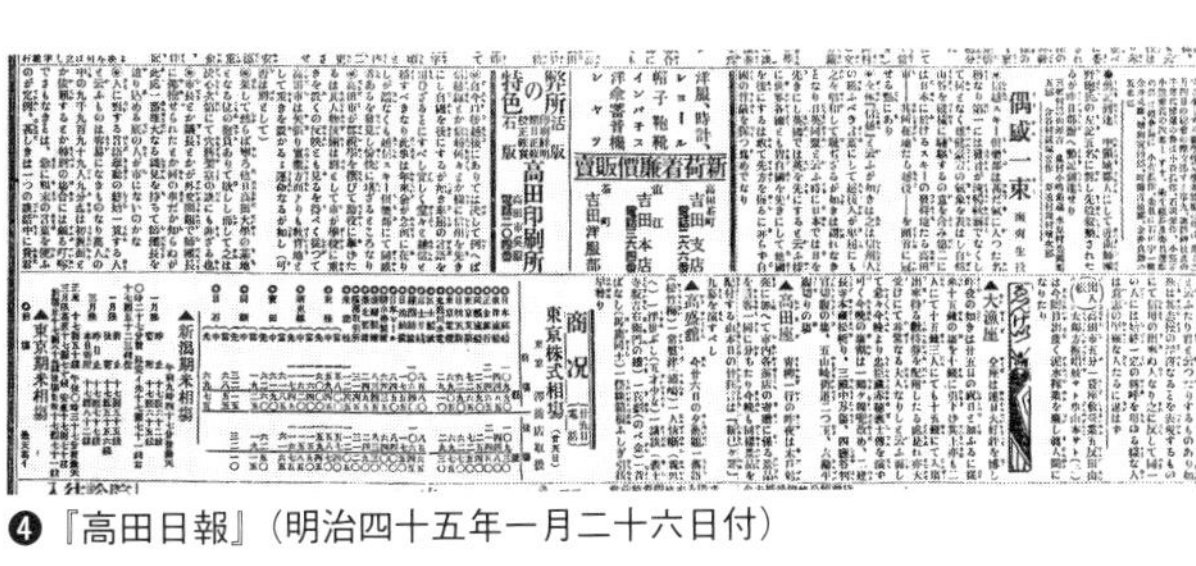

❹『高田日報』（明治四十五年一月二十六日付）

キーの発祥地たる高田市―其所在地たる越後―を頭首に冠せる点にあり

⊙全体『信越』と云ふが如きは之は信州人の称ふべき言葉にして越後人が卑屈にも之を唱和して恥ぢざるが如きは謂れなきとなり日英同盟と云ふ時に日本では日を先きにし英国では英を先にすると云ふ様に世界各国とも皆自国を先きにして他国を後にするは敢て先方を侮るに非らず自国の尊厳を保つ為めでなり

⊙自今以後越後にありては決して例へば信越線とか信越何々とか様に信州を先きにし自国を後にするが如き卑屈の言語を用ひざることにすべし宜しく堂々と越信と称すべきなり此事は年来余が念頭に在りしが端なくも越信スキー倶楽部にて同感者あるを発見し愉快に堪ざるところなり

この記事の特徴は、「越後人」としての矜持や郷土愛を直截的に示している点である。具体的には、鉄道の信越線など当時から新潟・長野両県を示す際に使用された「信越」という語に対して、日英同盟を例に「自国の尊厳を保つ」というナショナリズムを持ち出しながら、越後人が「越信」と称することの正当性を主張している。この記事では、「越後人」には越後人の、「信州人」には信州人の、それぞれの地域に拠って称すべき言葉があるという愛郷意識を感じさせる。ともあれ、越後人による火を噴くような言説であり、越信スキー倶楽部の名称について「愉快」に堪えないと結んでいるものの、肝心の冒頭で「信越」スキー倶楽部とあるのはご愛嬌といえるだろうか。

令和三年（二〇二一）一月、日本スキー発祥一一〇年を迎えた。現在、日本スキー発祥当時のスキー資料については、上越市の日本スキー発祥記念館、長野県野沢温泉村（のざわおんせんむら）の日本スキー博物館に数多く収蔵されている。どちらの施設とも「スキー」を冠した数少ない博物館として、新潟・長野両県の「境」を挟むような形で存在している。レルヒの伝えたスキーは「信越」の境を越えてそれぞれの地域で大きく花開いていくが、黎明期においてその中心的な役割を担ったのは越信スキー倶楽部（日本スキー倶楽部）だったのである。

参考文献
・山崎紫峰『日本スキー発達史』（朋文堂、一九三六年）
・高田市史編集委員会編『高田市史』第二巻（高田市、一九五八年）
・坂部護郎「スキー事始めと乃木将軍」（現代スキー全集第五巻『スキー発達史』、実業之日本社、一九七一年）

・レルヒの会・上越市立総合博物館編『スキー発祥思い出アルバム』（株式会社ベースボール・マガジン社、一九八八年）
・飯山市スキー史編纂委員会編『飯山市スキー史』（飯山市、一九九三年）
・新井博「黎明期におけるスキー用具の供給体制の確立―田中鉄工場と高田第十三師団との関係を中心に―」（『体育学研究』四一巻二号、一九九六年）
・上越市史編さん委員会編『上越市史』通史編五近代（上越市、二〇〇四年）
・中浦皓至『明治・大正時代の高田　真相！日本雪艇の源流―その文献的研究―』（日本雪艇史研究所、二〇一〇年）
・池牆忠和『レルヒ少佐―心に残る高田の友人たち―』（私家版、二〇一八年）
・荒川将「日本スキー発祥物語―黎明期におけるスキーと高田―」（『上越市立歴史博物館 年報・紀要』第一号、二〇二一年）

20

地域を支えた技術の変遷

世界の至宝「池尻川発電所」
――発電と農業の共存をめざして

【キーワード】
・インフラ整備
・水利権争い
・共生型水資源開発

西山耕一

1、関川水系の発電所

新潟県上越地域を流れる関川水系には、現在一六の水力発電所がある（❶）。上流の四発電所（清水沢、西野、高沢、杉野沢があり、清水沢は昭和四十四年（一九六九）に廃止）は、信濃電気㈱が建設した。また中流の九発電所は、明治三十九年（一九〇六）八月に創立された上越電気が、同四十五年（一九一二）二月に越後電気へ、さらに大正十一年（一九二二）十二月には中央電気に社名を改称し建設したものである。

一方、支流の矢代・渋江川の四発電所（矢代川第一、同第二、同第三、渋江川）は日本曹達㈱が自家用として建設したものである。

これら発電所は、明治末期から昭和十年代までに建設されたもので、わが国の産業発展に伴い、地域の産業を育成、発展させてきた。

この舞台となった妙高山麓は、上越電気～中央電気の開発に関わった国友末蔵によれば、地形

❶関川水系の発電所分布図

や気候などに恵まれた「天恵の地」である。加えて上杉謙信やその後の高田藩支配の影響を受けた時代もあり、発電所の開発には歴史の重みを感じる。

2、日本初の揚水式発電所の誕生

明治四十年（一九〇七）、上越電気は蔵々発電所（現存する県内最古の発電所）を建設したのち、常に夏季と冬季の渇水期の発電に支障をきたしていた。そこで水量が豊富で、今後の発電所建設を考慮し、中央電気の発電所群の最上流に位置する野尻湖の利用を考えはじめた。

野尻湖は海抜六五〇メートルを越す高所にあり、湖の周囲が一七・五キロメートル、湖水面積は四五〇ヘクタールである。湖の集水面積は八五六ヘクタールで、湖水面積の一・九倍しかなく、流入する河川に乏しい。流入河川の第一は、黒姫山西北山麓のわずかな諸水を集め、途中の耕地を灌漑したのち湖に流入する伝九郎用水のみである。これでは湖水を使うために水を流出すれば水位の回復は難しい。したがって、野尻湖は水がたまりにくく、利用するには人工的に導水が必要な湖なのである。

(1) 水利用の始まり

野尻湖の水利用は、高田藩主松平光長時代の明和元年（一六五五）に、中江(なかえ)用水組合（組合法の施行による中江用水普通水利組合と芙蓉(ふよう)湖池尻川用水普通水利組合は異名同体であり、以下、単に用水組合とする）が水利権を獲得したのが始まりである。その水利権とは①池尻川常水の独占権、②旱魃貫水の独占権（旱魃時、水門を掘下げ落水すること）である。これら慣行水利権は、古来より成り立っていたものであるが、明治十年（一八七七）、野尻集落（以下、単に野尻という）と用水組合との間に、湖水の共同利用契約と貯水契約が結ばれ初めて成文の契約となった。

(2) 共栄共存による野尻湖水の獲得

大正期に入り、我が国の水力発電開発が盛んになるにつれ、野尻湖の水利用は注目され始めた。越後電気が野尻集落（以下、単に野尻とする）と交渉を持つにいたったのは、大正元年（一九一二）六月、池尻川水利委員会において、野尻湖水の利用を条件として野尻への無料点火を打診したのがきっかけであり、さっそく会社は野尻及び用水組合との交渉をはじめた。

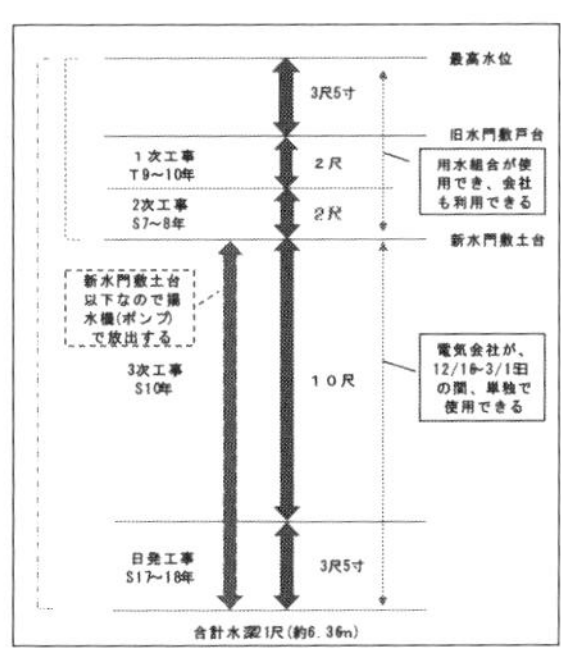

❸野尻湖の利用水深

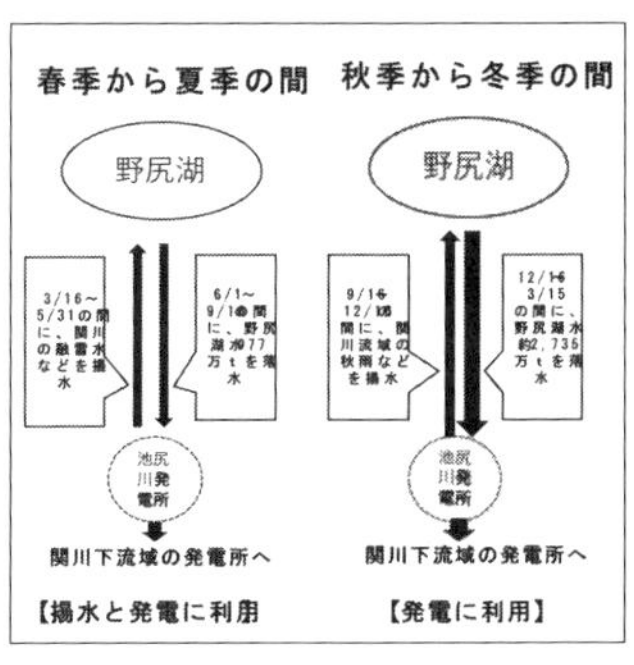

❷１年２周期（サイクル）運転に対応した野尻湖の利用
（注：野尻湖水の利用期間は現在の使用期間である）

野尻の要望は電灯の無料灯火であり、用水組合は夏季渇水期に落水が得られ、会社が工事費用を負担することから、両者と会社の利害が一致し大正二年（一九一三）一月に仮契約が結ばれた。その第一条に、

「甲（野尻）ハ乙（越後電気）ガ野尻湖へ、乙ノ経営ヲ以テ貯水ヲ為シ、必要時季ニ於テ池尻川ニ落水シ、乙ノ経営セル電気事業ニ使用スル事ヲ承諾スル事、（略）」であったが、村域は信濃電気の供給範囲であることから野尻との交渉は難航した。結局、集落に代償金を支払うことでようやく交渉は進んだ。

大正六年（一九一七）三月、先の大正二年の仮契約を基に、両者の使用期間は①三月より五月までは貯水、②六月より八月までは組合・会社（越後電気）共用、③九月より十一月までは貯水、④十二月より翌年二月までは会社の使用と規定し、契約を締結した

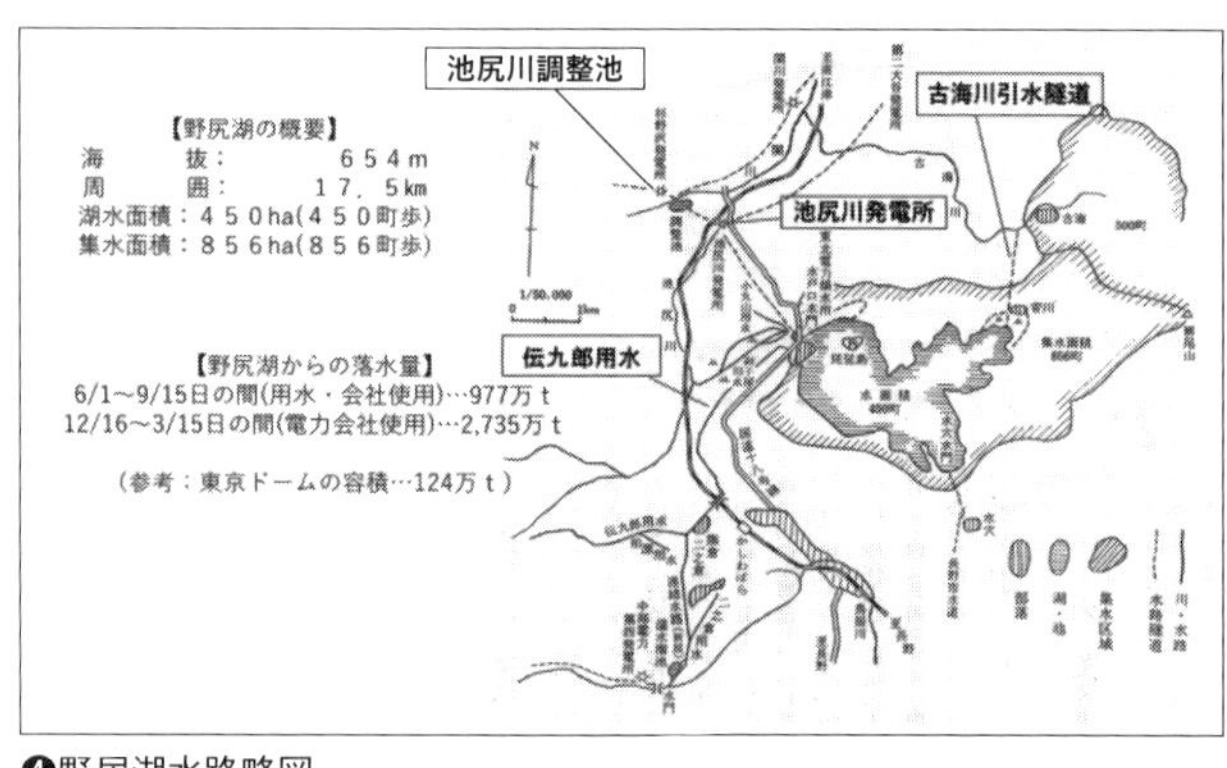

❹野尻湖水路略図

（❷の左側）。

　大正八年（一九一九）一月、先の契約を受け組合と越後電気の使用できる水量深度の契約は、野尻湖旧水門敷土台上端以上三尺五寸を最高水位とし、一方敷土台上端以下一尺八寸を最低水位とし、合わせて五尺三寸とした。また、貯水及び落水の季節と水量のうち、七月一日より八月三十一日までは最大百四十立方尺を用水組合が任意に使用できるという内容で、これは旧水門敷土台上端以下四尺の水深にあたり、ここを新水門敷土台とした（❸）。

　この決定にもとづき水門を掘下げる第一次貯水工事は、大正九年十一月から十年三月にかけて行われた。またこの時は、旧水門敷土台面以下四尺を掘下げる計画を立てたが、水門前後の水深は二尺二寸の掘下げにとどまったため、四尺を掘下げ二尺を使用し、残り二尺を予備水深とし落込板を入れた。

(3)野尻湖発電用水利権の獲得

中央電気は、野尻湖の第一次貯水工事の完成により、夏季と冬季の渇水期に野尻湖水の利用ができることになった。しかし、湖水周辺は外国人を中心に、軽井沢と肩を並べる別荘地開発が進み、景観的にも夏季前までに湖水の確保が重要になってきた。

そんな折、大正十三年（一九二四）夏季の大渇水や、同年末から十四年（一九二五）にかけ全国的な大渇水と当地での少雪に見舞われ、五月末までには最高水位まで回復しなかった。今後、野尻湖の利用を確実にするには、伝九郎用水の改修と古海川の引水など集水地域外から新たな導水を考えなければならなくなった（❹）。

更に湖水を狙う動きが出てきた。大正十四年六月、東京電灯㈱は鳥居川の水を野尻湖に導入し、これを信濃川に放流して発電する計画をたて長野県に申請した。これが実現すれば用水組合にとっては、二五〇〇年来の水利権を失うことになり、中央電気にとっても容易ならざる大問題であった。そこで用水組合が獲得した水利権を守ることが両者の利益になることから、両者は十月に長野・新潟両県に不許可にするように請願した。また翌十五年（一九二六）、用水組合は単独で反対の決議書を長野県に提出するなどにより、東電の申請は却下された。

一方、中央電気はこれらの企画に対抗するために、鳥居川の流水を野尻湖に導水し、池尻川下流から関山村桶海を経由し、大谷に新たな発電所（現大谷第二発電所）を建設する発電用水利権を、

❺揚水式の池尻川発電所

は野尻湖の水位は、最高水位を保持することができなかった。これでは、野尻集落との契約を果たすことはできない。会社の長年の懸案であった冬季の渇水を解消する機会を失うことになるので、直ちに設計を変更し五月に池尻川発電所計画を揚水式に変更した（❺）。

この揚水式発電所を考案したのは、上越電気の技師長から専務になっていた国友末蔵であった。かれは昭和四年、欧米視察に行った際、ドイツのルール川沿いで見たハーゲン揚水式発電所と内務省技師荻原俊一の助言によって揚水式に変更した。

発電所の建設に先立ってはじめた「湖面二尺低下」工事は、昭和七年十一月に起工し、翌八年六月完成した。建設途中の昭和八年（一九三三）九月の大阪朝日新聞には池尻川発電所は「水力の合理化、わが国最初の試み」と題して、「普通の水力発電においていわゆる最大出力なるものは、春秋豊水期における出力であって、決して四季を通じて供給し得ることは容易ではない。最も多く電力を要する冬季は、またもっとも出力の低下する渇水期であって、そういう時には最大出力の五分の三、甚だしきは三分の一に低下するのである…」と報道していた。

この記事からわかるように、全国の水力発電所の殆どは、冬季を最大に夏季の渇水期に発電出力が低下する。この最低の発電出力が「売れる」電力である。したがって、この最低期間に、春・

秋季と同等に発電ができれば発電効率が非常に高く、高い収益を上げることができるのである。中央電気はこれにより高い収益率を上げ企業体質を高め、農業との共存と地域への企業誘致を進めていった。

おくれて同年十二月、揚水式の池尻川発電所建設の準備に取り掛かった。そして翌八年五月に建設許可を受け、灌漑期の農業用水への利用が終わった十月に発電所建設を起工し、翌九年（一九三四）二月に完成した。

⑸湖水の利用、更に十尺プラス三尺五寸

揚水式の効果は絶大で、翌年春までに最高水位の確保が保証されると、水門敷土台以下の湖水の利用に及んだ。昭和九年四月、長野・新潟両県知事に出願し、翌十年（一九三五）十月、野尻湖の湖面十尺低下工事を起工した。当然、水門敷土台の最低水位以下の湖水の利用であるから、湖水を汲み上げなければならないので、同時に揚水所建設工事起工した。翌十一年（一九三六）十二月、野尻湖湖面十尺低下並びに揚水所建設工事完成した。

このほか中央電気は、信濃電気と共同して妙高山麓に六千万立方尺余の笹ヶ峰貯水池を建設した。これら貯水量の増大に伴い、昭和十二年（一九三七）二月大谷第二発電所の建設を計画し、流水は中央電気の発電所群を全て隧道とサイホンで結び、一滴たりとも無駄なく利用されることになった。この一滴たりとも無駄なく利用することが中央電気の発電所群の特色でもある。

だが昭和十三年（一九三八）一月には「電力管理法」を含む「電力国家統制法」が成立し四月から施行された。中央電気は昭和十七年四月に解散し、日本発送電のもとで野尻湖の湖水の利用をさらに進め、昭和十八年（一九四三）にはさらに三尺五寸の利用を進め、ポンプによる放出は新水門敷土台以下十三尺五寸となった。これにより現在の有効貯水量は二千五百五十七万立方メートルとなり、夏季渇水に使用できる水量は、東京ドームの容積百二十四万立方メートルの約二十・六倍となった（❸）。

3、農業との共存

時は前後するが、昭和十二年五月、中央電気㈱開業三十周年記念式典が行われた。祝辞として中江用水組合長の野口孝浩氏の祝辞が行われた。その一部に「…野尻湖の貯水事業が貴会社に依って達成せられましたので、慣習や古証文により理屈をつけて争い合った上江、中江の我々も、この野尻湖の貯水の為に今日笑顔で付き合うことが出来るようになり、八千町歩の農民にとっては今迄非常な「ヒマザイ（時間とお金のこと）」と労力と苦心を費やしましたものが一掃されたのであります」と述べられた。

高田平野の二大用水は、関川の水争いで終始してきた。中央電気と中江用水組合の共栄共存の精神にもとづく野尻湖の開発や、上江・中江用水組合による中流域の取水口の係争も、中央電気の池尻川発電所建設により解決した。

平成十八年（二〇〇六）、水争いの心配がなくなった上江・中江用水をはじめ高田平野の六つの土地改良区は、関川水系土地改良区として合併した。これも池尻川発電所が実現した共生型水資源開発の成果の一つである。またこの成果はジャイカ（JICA）主催の「中央アジア・コーカサス地域灌漑水管理」研修が、毎年関川水系土地改良区で行われているように、世界に認められた共生型水資源開発である。

4、世界の至宝と冠したのは

池尻川発電所を世界の至宝と冠したのは、勿論わが国最初の揚水式発電所ということもあるが、この発電所自体やその流下の発電所群の発電システムと、発電と農業の共存がすごいからだ。

①世界で唯一無二の存在である。これは農業との共存を図るため「一年二周期運転」する世界でも類を見ない発電所である。

②日本の河川の特徴である流量変化を平均化し、「水力の合理化」を図っている。これは春季と秋季の豊水期に野尻湖へ揚水した水を、夏季と冬季の渇水期に落水し発電する。さらにその水は下流の中央電気の発電所群で使用され、発電出力を平準化することにより常時電力を増加さ

せ、高い収益率を上げている。

③そして、池尻川発電所を中心とした中央電気の発電所群と、高田平野の用水は一体となり安定的な水利の確保と持続的な灌漑施設の運営・管理が行われ世界的にも注目されている。発電と農業用水の「共生型水資源開発」は世界的にも高い評価を受け、まさに世界の至宝といえるのではないだろうか。

参考文献

・芙蓉湖池尻川用水普通水利組合『野尻湖利水誌』（一九三八年）

・今井五介『中央電気沿革史　草稿』（一九四四年）

・電友会上越連合会『ながれ』（一九八二年）

・西山耕一『電気が創った上越近代化物語』（東北電力株式会社上越営業所、二〇一七年）

第6部　記録史料をわれわれはどのように読み解くのか

21

合戦史から忘却された戦い

川中島合戦を読み直す
——永禄元年の争いの検討

【キーワード】
・信玄と謙信
・境界争い
・軍記物

前嶋　敏

1、「五回の川中島合戦」と武田晴信・長尾景虎の争い

武田信玄と上杉謙信が北信濃をめぐって争った川中島合戦は、多くの場合、①天文二十二年（一五五三）、②天文二十四年（弘治元年・一五五五）、③弘治三年（一五五七）、④永禄四年（一五六一）、⑤永禄七年（一五六四）の五回繰り広げられたとされている。ただしこの回数は、江戸時代に成立した『川中島五箇度合戦之次第』などに基づいて理解されたものである（柴辻：二〇〇九）。実際には、信玄と謙信は上記の五回以外にも北信濃周辺で争っていた。近年では、たとえば永禄七年以後となる永禄十年（一五六七）に両者が北信濃で対峙していたことなども注目されるようになっている（西川：二〇〇七、福原：二〇一七、前嶋：二〇一七）。

また、永禄元年（弘治四年・一五五八）にも争いはくり広げられている（前嶋：二〇一七）。弘治三年（一五五七）の合戦以後、北信濃では武田氏が領有状態を強め、一方北信濃の諸将は上杉氏配下になるかたちで状勢が定まっていったとされていることからも（片桐：二〇〇〇、海老沼：二〇一六）、

その翌年となる永禄元年の様相は注視されよう。

そこでここでは、あらためてこの年における信玄・謙信の動向を再検討し、合戦全体の中に位置づけてみたい。なお周知のとおり、永禄元年時、謙信は長尾景虎、信玄は武田晴信と名乗っていることから、以下引用を除き景虎・晴信で統一する。

2、弘治三年の国切・停戦命令と晴信の信濃守護就任

弘治三年（一五五七）八月十日、晴信の弟武田信繁は大井弥次郎に書状を送り、「景虎は越後へ罷り越し候」と記した（『戦国遺文　武田氏編』第一巻、四四九号、以下『戦武』○○とする）。弘治三年の合戦はこの日以前に終了したとみられる。そしてその後、室町幕府将軍足利義輝は、晴信・景虎に国切（お互いの領国の範囲、境界を定めること）・停戦命令を行い、景虎はそれを了承する旨回答したらしい。翌年二月には、義輝は景虎に対し、回答を喜ぶ御内書を発給している（村石：二〇一七）。しかし周知の通り、ここで北信濃をめぐる争いがおさまることはなかった。

停戦命令が行われたのとそれほどかわらない時期、晴信は信濃守護に就任した（『戦武』五八六）。このことにより、北信濃は晴信の管轄する地域として認められるところとなった。一方景虎および北信濃の諸将は、この地を上杉氏の分国（領国）と理解していたとされる（村石：二〇一七、福原：二〇一七）。晴信の信濃守護就任は、両者の意図する国切の境界線が大きく異なることを明示

し、結果的に争いは継続されたのである。

3、永禄元年の争い

永禄元年の争いについては、永禄元年十一月二十八日に、晴信が、室町幕府の幕臣大舘晴光に対して、停戦が行われなかったことの経緯を説明した書状の写に記述がある（『戦武』六〇九、以下「晴信書状」とする）。この書状を中心にして、経過を見直したい。

景虎は、永禄元年（一五五八）の夏（四～六月頃）、信濃国の海野（長野県上田市）に兵を進め、放火に及んだ。そして晴信は、それを受けて出陣した。しかし、向かったのは信濃ではなく、さらにその先の越後であった。「晴信書状」では、晴信は、夏に越後国に向かい、越後府中を破却しようともくろんだものの、御使僧が甲斐に下向する旨連絡があったため、攻撃をいったん中止して帰国した、としている。

なお晴信は、この侵攻を「所当」、つまり景虎が信濃国に侵攻したことに相当する行為（＝報復）であるとしている（「晴信書状」）。北信濃は信濃守護としての管轄地であり、その領域を侵犯されたとみなして、それを根拠に越後国域に兵を進めたのである。先に触れた、晴信の信濃守護就任が大きな意味を持っていたことがわかる。

『甲陽軍鑑』（巻二、品第五）では、武田軍は川中島合戦での大勝以後、その威勢をもって関山

（新潟県妙高市）まで放火して、春日山城まで東道七、八十里（東道一里は約六五四メートルとされる。なお関山から春日山城までは約三十キロメートル）のところまで進軍し、越後の者を乱取りした、という旨を記している（酒井憲二編『甲陽軍鑑大成』一、本文篇上）。同時代の古文書等で、武田軍による越後侵攻の様子をうかがわせるものはなく、永禄元年にこのようなことがおきたかどうかも定かではない。ただし、景虎は弘治三年の合戦にあたって、越後揚北地域に拠点をもつ色部勝長に出陣を要請した際にも、「信州の味方中が滅亡すれば、越後の備えが不安になる」としており（『上越市史』別編一、一四一号、以下『上越』〇〇とする）、晴信の侵攻を脅威に感じていた。永禄元年の越後侵攻は、景虎にとって大きな衝撃であったであろう。

そこで景虎は、再度の出陣に向けて、越後国内の武将に対して軍事動員を行った。八月には越後魚沼地域に拠点をもつ上田長尾氏の長尾政景に参陣を要求している。政景は隣国となる上野国で北条氏が勢力を伸ばしている状況を踏まえて、魚沼地域を離れることの不安を訴えたが、景虎は自らが責任をとるとして、さらにそれを疑うようであれば誓書を送るとしている（『上越』一五〇）。また閏六月には、越後揚北地域を拠点に活動していた本庄繁長と色部勝長が、参陣の際にはともに行動することを誓う起請文を取り交わしているが（『新潟県史』資料編四、一一一九号）、これは景虎の参陣要請を受けてのものと考えるべきであろう。

また一方晴信の側も、こうした状況をうけ、また夏の越後侵攻は不十分なものであったと判断し、出陣の準備を進めていた。閏六月には文永寺（長野県飯田市）に戦勝祈願を行うよう求めている（『戦武』五九九・六〇〇）。八月には戸隠神社（長野県長野市）で戦の吉凶を占い、勝利の卦を得ている（『戦武』六〇二）。

そしてその詳細は明らかではないが、「晴信書状」は、景虎側について「長尾両度に及び信国を放火」、また晴信側について「今度重ねて乱入」と記す。両者ともに信濃・越後方面に向けて、この年二度目の出陣に行ったことは疑いない。なお実際に両者による戦闘が行われたか否かは不明であるが、九月二十五日、晴信は信濃善光寺（長野県長野市）の善光寺如来を持ち帰り、甲斐善光寺を創建している（「王代記」、『山梨県史』資料編6　中世三上、三号）。このことからすれば、北信濃の領有をめぐる争いは晴信側に優位に展開していたと思われる。

甲斐善光寺（山梨県甲府市）
なお晴信によって移された善光寺如来は、慶長三年（一五九八）、豊臣秀吉によって信濃善光寺に戻された。

4、景虎上洛

永禄元年（一五五八）十一月、景虎は、家臣の神余親綱を通じて朝廷・幕府に上洛の旨を伝え（『上杉家御年譜』一、永禄元年冬十一月条）、翌永禄二年に上洛する。上洛時、室町幕府将軍足利義輝は、晴信がたびたびの命令に従わずに景虎の分国の境目に乱入していると非難し、景虎に対して、戦乱状態にある信濃国諸侍の始末について「意見」する権利を与えた（『上越』一八二）。「意見」とは、将軍裁可に供するための答申であり、強い拘束力を持つものとされる（村石二〇一七）。この上洛で景虎は、幕府に北信濃が景虎の分国であることを認めさせ、川中島出兵への新たな名分を得た。もっとも激戦とされる永禄四年（一五六一）の合戦が繰り広げられたのは、その二年後のことである。

永禄元年の争いは、晴信が越後に侵攻するなど、それまでの合戦とは様相の異なるものといえる。また、景虎の上洛やその後の合戦のあり方にも深く関わる重要な争いとして、川中島合戦全体のなかに位置付けることができよう。

参考文献

・海老沼真治「川中島合戦と信越国境」（『地方史研究』三八三号、二〇一六年）
・片桐昭彦「謙信と川中島合戦」（池享・矢田俊文編『定本上杉謙信』高志書院、二〇〇〇年）
・柴辻俊六『信玄と謙信』（高志書院、二〇〇九年）
・西川広平「幻の川中島合戦」（NHKプロモーション『風林火山　信玄・謙信、そして伝説の軍師』展示図録、二〇〇七年）
・福原圭一「戦国時代の戦争と「国境」」（地方史研究協議会編『信越国境の歴史像』雄山閣出版、二〇一七年）
・前嶋敏「謙信・信玄と「川中島の戦い」」（新潟県立歴史博物館『上杉謙信と武田信玄　川中島の戦い』図録、二〇一七年）
・村石正行「「川中島合戦」と室町幕府」（福原圭一・前嶋敏編『上杉謙信』高志書院、二〇一七年）

写真出典

・甲斐善光寺 Kouchiumi,CC BY-SA 3.0 <http://creativecommons.org/licenses/by-sa/3.0/>, ウィキメディア・コモンズ

22

近世人の国防思想
――真田幸貫の海防と文書

海の向こうの脅威にいかに備えたか

山中さゆり

【キーワード】
・古文書保存
・海防八策
・武備の近代化

1、はじめに

戦国武将・真田昌幸、信之、信繁父子でよく知られる真田家は、元和八年（一六二二）に上田藩から松代藩（現・長野市）に移封されてから江戸時代を通じて松代城を居城とし、移動することなく明治維新を迎えた。そのため大量の古文書を現在に伝え、およそ六万点が国文学研究資料館に、一万七〇〇〇点が長野市真田宝物館に収蔵されている。このうち真田宝物館収蔵分の多くは藩主家の文書、すなわち藩主のお手許（てもと）文書と言われる。長野県宝に指定されている武田信玄や豊臣秀吉、徳川家康らの文書のほか、歴代藩主や家臣たちの文書が含まれる。なかでも寛政の改革で有名な松平定信を実の父に持ち、真田家に養子入りした後、幕府老中を務めた八代藩主・真田幸貫（ゆきつら）の老中関係文書は、幕藩政を考えるうえでも貴重な資料群といえる。

以下、この幸貫の文書を紹介するとともに、幸貫の海防に対する考え方を探ってみたい。

2、真田家文書とその収納容器

幸貫の文書を見る前に、もう少し真田家文書の特徴を紹介しておきたい。真田家の居城・松代城は明治に入り破却された。しかし幕末に城外御殿として建てられた真田邸（新御殿）は、その後も真田家の私邸として所有が認められ、その庭園にある七棟の土蔵に大量の古文書と宝物類が収納された。古文書類は大小様々な大きさの箱に入れられ、さらに長持に収納された。この箱は、現在もあまり収納物の入れ替えがなされることなく真田宝物館の収蔵庫に収められている。つまり、古文書は江戸時代の在り方があまり変えられずにその収納形態を今に伝えているのである。

これらの収納容器についてはすでに研究があるので詳しく触れないが、幸貫が天保十二年（一八四一）から十五年（一八四四）に老中職にあった間の関係文書が多く収納されている箱が複数ある。この内、二重箱で、内箱は側面に花鳥の絵が描かれ、虫除けの網蓋がついた豪華なものがある（❶）。外箱は四四・二cm×六一・五cmで高さ五一cmという大型で、内箱も四〇cm×五七cm高さ四二・八cmで、網蓋をはずすと引出しが四段ある。

外箱には「御役中　御書付入御箪笥　右御箪笥　一位様より御拝領之御菓子折にて御出来」とある。「御役中」つまり幸貫が老中職にあった間の書付が入った箪笥、ということになる。そしてこの箪笥は「一位様」から拝領した「菓子の箱」でできている、という。「一位様」とは、十一代将軍・徳川家斉（いえなり）の弟で、田安徳川家三代当主・徳川斉匡（なりまさ）とみられる。田安徳川家は、幸貫の実

❶文書箱

父・松平定信の実家であり、幸貫とは親戚にあたる。
この箱に収められている文書は、老中時代に幸貫が集めたとみられる外国の情報や幕府の役人から提出された書類の写しが多数含まれている。幸貫は老中に就任すると、天保十三年（一八四二）七月二十三日に海防内懸り（海防掛老中）に任命され、度重なる外国船の来航とその対応にあたった。吉田松陰や勝海舟等の師としてしられる松代藩士・佐久間象山に外国事情を調査するよう命じたのもこの頃で、この箱には、象山が海防に関する考えを幸貫に上申した「海防八策」が収納されていたという。豪華な箱の作り、内容物のまとまりから、これが幸貫の側近くにあったことは確実で、このように文書の収納容器からわかる事も少なくない。

3、佐久間象山の海防八策

佐久間象山の海防八策は、象山の海防への考え方がまとまった形で最初に示されたものとして重要である。砲台の建設、大砲の鋳造、西洋に倣った大船の造船や全国に学校を作って教育を広めるなど八つの策を中心に、この策をたてた考えを述べている。

このころ、アヘン戦争で中国がイギリスに敗れたことは日本にとって大きな衝撃で、象山は、次に狙われるのは日本であり、このままでは勝算はないのに本当にこの事態を恐れている者がいない、と憂えている。そのうえで火器や船を備え、武力を持てば外国も近寄ることはないが、実用にならない古来からの火器で外国を打ち払おうとするのは心もとなく、諸家の兵法も役に立たない、という。そのために、西洋製に倣って武器を製造し、余った分は各藩にも割り当てて備えれば、実用にならない武器はなくなるだろう、としている。

この海防八策を受けた後、藩主・幸貫が認(したた)めた海防に関する資料について海防八策との関連も考えながら示していこう。

4、幸貫の考える海防

先に紹介した箱とは別に、外国船や海外事情を調査し、収集した文書が収められている箱がある。これには「風説巻　松風」と箱書きがあり、二八・八cm×六一・五cm×高さ一八cmで、約二〇〇点の文書が収納されている。長崎などの港の絵図、風説書や日本の近海に現れた外国船について各藩が幕府に提出した報告書の写しなどがある。

この中に、「真田幸貫思召書」と名付けられた、ひらがな交じりの文書がある（❷）。他の文書と比べると明らかに薄く、上質な紙二枚を右上で紙縒(こよ)り綴じにしている。末尾に「幸貫（花押）」とあり、幸貫の自筆であることがわかる。書かれたのは天保十五年（一八四四）八月三日で、幸貫

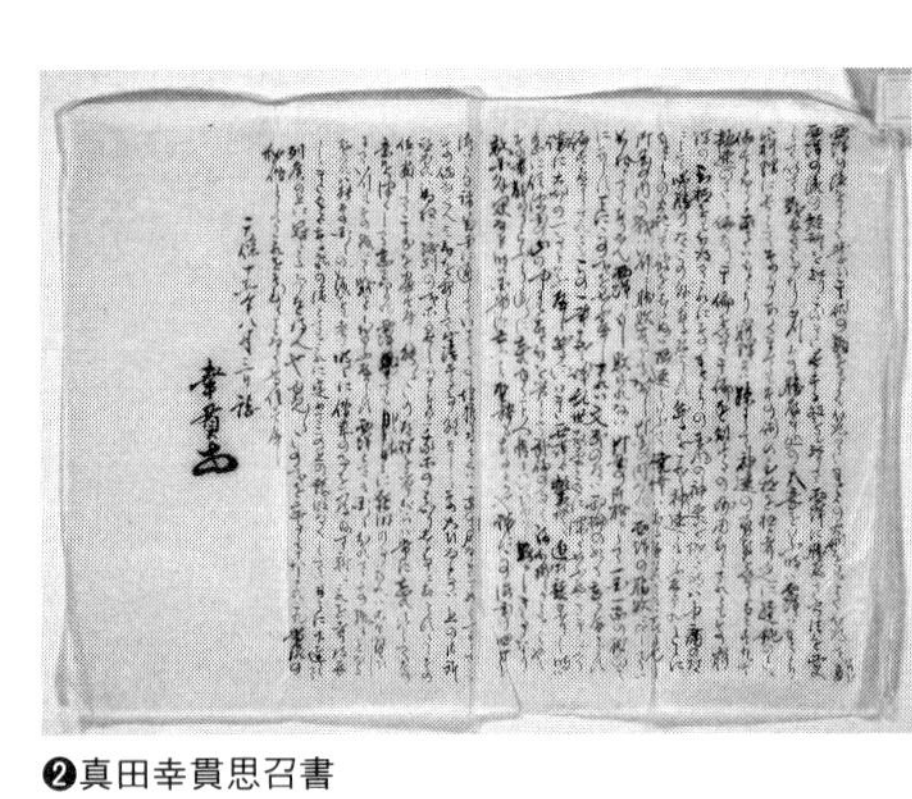
❷真田幸貫思召書

は五月に老中を辞しているから、その直後ということになる。ここで幸貫は、海防つまり外国から国を守るためには何をすべきか考えを述べているので、それがよくあらわされている箇所を部分的にとりあげる。

まずは、武家に生まれたからには、武備を多くしても、乱を忘れてはならないことはいうまでもないとし、弓馬剣鎗といった武芸は備えとして心掛けるべきであるが、火術砲術なども近世に異国から渡ってきたものとはいえ武備の一つとなっている、とする。しかし、こうした火術砲術は実際に使用する前に平和な時代になったため、実地で使うことが少なく、実用的でないものや、杜撰なものがあり、そのために信用できないとされることも多いが、私は常にこの砲術のことを忘れず、信用できるところに家臣を遣わして入門させ、習わせていたので、最近では真田家としての流派の一脈を立てている、という。実際、天保十三年（一八四二）には、佐久間象山をはじめ、藩士たちを、砲術家・江川太郎左衛門のもとに入門させている。

「武家の職に生まれては（武家に生まれたからには）」という、いかにも藩主らしい言葉と、海防八策には見られない、弓馬剣鎗などの武芸を備えるべきという部分に、伝統を重んじる幸貫の心情が表れている。一方で、非実用的な火器があることは、象山の認識と一致する。

さらに、日本は海国なので政(まつりごと)で世の中が治まり静かであるが、外国の事は分からない、だから外国に備えることが肝要である、とする。そして、外国は火砲を常に用い、火術で武備を立てた国々であるから、調査を尽さなければ実用にはできない、と述べる。外国の実情を理解し、このままでは外国には勝てないと冷静に判断していることがわかる。

この頃になると、日本流の砲術ではなく、高島秋帆や江川らの西洋流砲術が盛んになってきたこともあり、幸貫は松代藩でも西洋流の大砲を製造させていることを述べているが、これは象山も説いているところである。そして次のように続く。

［史料］

この西洋流の委曲に競いては、もとよりある砲術は用ゆるにたらずと思付、またもとよりある流儀を尊信するものは、西洋流は取るにたらずと至に、これを批判する事甚だし、これまた互いにその真意をしらずというべし、もと外国を防の事専なる上は、西洋の益を以てその西洋を防なば、必ず西洋のかた勝へし、またもとよりある火術にて防ときは向ふにてもその趣違うゆえに手はずは違い勝敗如何あるべきか、さりながら必勝の道といいがたかるべし、彼をしり我をしるときは、百戦百勝ともあればまず、西洋の流をもよく学び、其術の趣をもよく心得、またもとよりの火術をもよく心得てその上西洋の流の短所を知り、我また長する処をも知りて西洋に勝べき火法を工夫して以て戦べき事なり、

［大意］

西洋流の砲術に詳しい者と古来よりの砲術を尊ぶ者は互いに批判しあい、その真意を理解していない。外国の防御に専念するうえは、西洋の益つまり西洋砲術で防ごうとしても必ず西洋側が勝つであろうし、また日本の火術で防ぐ時は、西洋側にとっては趣が違うので勝敗はわからず、そうはいっても必勝の道ではない。相手を知り、自分を知り、百戦百勝のためには西洋流を学び、互いの長所・短所をよく心得て、西洋に勝つべき火法を工夫して戦うべきである。

幸貫は、西洋流、日本流と批判しあうのではなく、両方の長所・短所を学び工夫すべきだ、としている。さらに次のようにも述べている。

［史料］

御国の内の戦いは、別に勝敗ありともおなじ御国の内なれば、西洋の勝敗比しては如何様にてもありなん、西洋にもし敗られなば御国の御恥にして一国一家の恥のみにあらず、ことにこの儀を思ふべし、されば文武の道ハ両輪の如く忘るべからず、偏すべからざれども、この一筆我々誠に乱世承平ともに深く思うべき事にて、誠に大切の一事というべし、

［大意］

国内の戦いは勝敗があっても同じ国内のことだが、西洋との勝敗は比べ物にならない。西洋にもし敗れたならば日本という国の恥であり、一国一家の恥だけではないから、特にこのことを思うべきだ。だから文武両道を忘れず、どちらかに偏るべきではない。我々は乱世にならないよう平和をともに深く思うべきで、誠に大切なことである。

藩主という立場だけでなく、老中という国を預かる者としての大きな目線が表われている。そして、この頃頻繁に来航していた外国船への備えと心持ちについて、次のように語る。

［史料］

然るにいまだ西洋より蝦夷地へ近頃襲来りし時は、急に信濃国の山の中にも甚だ心を労して武備の事も政心掛しかとも、はやその事静なりというより追々に忘れゆくこと人情とはいいながら、難かしき事なり、敵国外寇なき時は国常に亡ぶとか聖語もあるとかや、誠にこの海国の四方も海はみな諸万国に通じていさゝかの垣根もなければ一家の戸なきが如く一日にてもその備なくんば心を安して生活する事能まじ、

［大意］

しかしいまも西洋から蝦夷地へ襲来すると、急に信濃の山中でも大変心配して武備を心掛けるが、そのことが治まると忘れるのは人情であり、難しい事である。敵が国外から攻めてこ

ない時、国は常に亡びるという聖人の言葉もあるという。日本は海国で四方の海はみな万国に通じ、わずかな垣根もないのは家の戸がないのと同じで、一日でも備えがなくては安心して生活できない。

海のない信濃の山中で、武備を心掛けてもなかなか周囲の理解が得られない、ということであろうか。今のところ西洋から「攻めてくる」ことはないが、現状では全く備えがない状態だということを誰も気づいていない、と憂えているようである。ここは象山も同様であり、両者が思いを一にしていたことがうかがえる。

そして、最後に武備は発明、つまり日々発展しているのだからそれをよく心得て学び、忘れてはならない、これを当流すなわち真田家の秘伝とする、と結ぶ。

5、おわりに

「真田幸貫思召書」には、幸貫の目指すものが述べられているものの、これが藩士たちに披露されたかどうかはわからない。象山の海防八策は、備えるべき武器の名称や数なども記しているのに比べて具体的ではないが、全体を通して火術によって武装すべきであるという考えに貫かれている点は、象山の影響が少なからずみられるといってよい。藩主の心持ちを表す文書があまり残っていない中で、海を持たない松代藩主が海防に心を砕いていた心情が読み取れることは貴重といえよう。象山とは違った、広い目線があることも感じる。海防掛老中という立場にいた幸貫が、職を辞した後も危機感を持って何とかしたいと考えていたことがうかがえる文書である。

参考文献

・工藤航平「真田宝物館所蔵真田家文書の管理と容器の特質―目録編成に向けた現状調査報告―」（国文学研究資料館編『近世大名のアーカイブズ資源研究―松代藩・真田家をめぐって―』思文閣出版、二〇一六年）
・『特別展　北からの開国―海がまもり、海がつないだ日本―』（神奈川県立歴史博物館図録、二〇一九年）
・『日本思想体系　渡辺崋山　高野長英　佐久間象山　横井小楠　橋本左内』（佐藤昌介・植手通有・山口宗之編、岩波書店、一九七一年）

23

絵に残された城の被災

震災の記録絵図
――新史料が明らかにする宝暦元年高田地震

【キーワード】
・震災記録絵図
・高田城への被害
・幕府からの保証

浅倉有子

1、高田地震の概要と研究状況

寛延四年（宝暦元年、一七五一）四月二十五日未明に、越後国の高田平野を震源として発生したいわゆる高田地震については、矢田・卜部らによる研究（矢田・卜部：二〇一一）があり、筆者も社会科教育の視点から言及したことがある（浅倉：二〇一八）。城下町高田と領内の湊町・直江津の被害は深刻であり、桑取川沿いの吉尾組の被害もまた甚大であった。高田藩士の家は、「大潰」九〇軒、「半潰」五〇軒、「大破」一一軒、「小破」四四軒、他に下級武士が暮らす長屋でも大きな被害があり、死者は六六名であった。高田の町人町の被害はより深刻で、「潰家」一〇八二軒、「半潰」四一四軒、「破損家」四四五軒、「潰土蔵」四六ケ所、死者二九二名とされている。直江津では、液状化の被害が発生し、「皆潰」三二九軒、「半潰」三八四軒、即死者三六名という状況であり、吉尾組の被害も、山崩れや土石流により、「皆潰」「流失」「山崩下」等による家屋被害は四一八軒と全戸数の約七割に迫り、一三七名の即死者を出した。他方、高田城の被害状況はこれまで明らかにされていなかった。今回紹介する「越後国高田城所々土居裂崩堀埋等修復之図」（「榊原家文書」榊原家所蔵、公益財団法人旧高田和親会管理、法量二七八〇×二九〇六）は、高田城の被害状況を克明に記録した絵図である。以下に、概略を紹介したい。

2、「越後国高田城所々土居裂崩堀埋等修復之図」

「越後国高田城所々土居裂崩堀埋等修復之図」は、上越市史編纂時に写真撮影がされていたが、虫損がひどいことなどから、これまであまり利用されてこなかった。掲載にあたって、上越市公文書センターに保管されている写真版を利用させて頂いた。掲載写真のように、この図は、幕府に被害状況を報告した図の控で、高田城の平面図に被害箇所を赤の斜線や塗り潰しで示し、かつそれぞれの被害状況を詳細に注記したもので、併せて当時の藩主榊原政永の被害報告書が下部に添えられている。

まず、高田城のシンボルである三重櫓とそれに近接した本城門付近の被害を見よう。政永の報告では、「一、本城門東西土居四箇所裂崩申候／一、本丸三階櫓之下土居折廻壱箇所崩申候」とあるが、図にはより詳細に被害箇所と状況が示されている。本城門付近には、左側（西側）に「此所土居高サ四間、横弐拾間崩申候、同所堀横弐拾間、幅弐間埋り申候」、「此所土居高サ四間、横折廻弐拾壱間崩申候、同所堀横折廻弐拾壱間、幅弐間埋り申候」、右側（東側）に「此所土居高サ弐間、横七間崩申候、同所堀横七間、幅壱間埋り申候」との注記

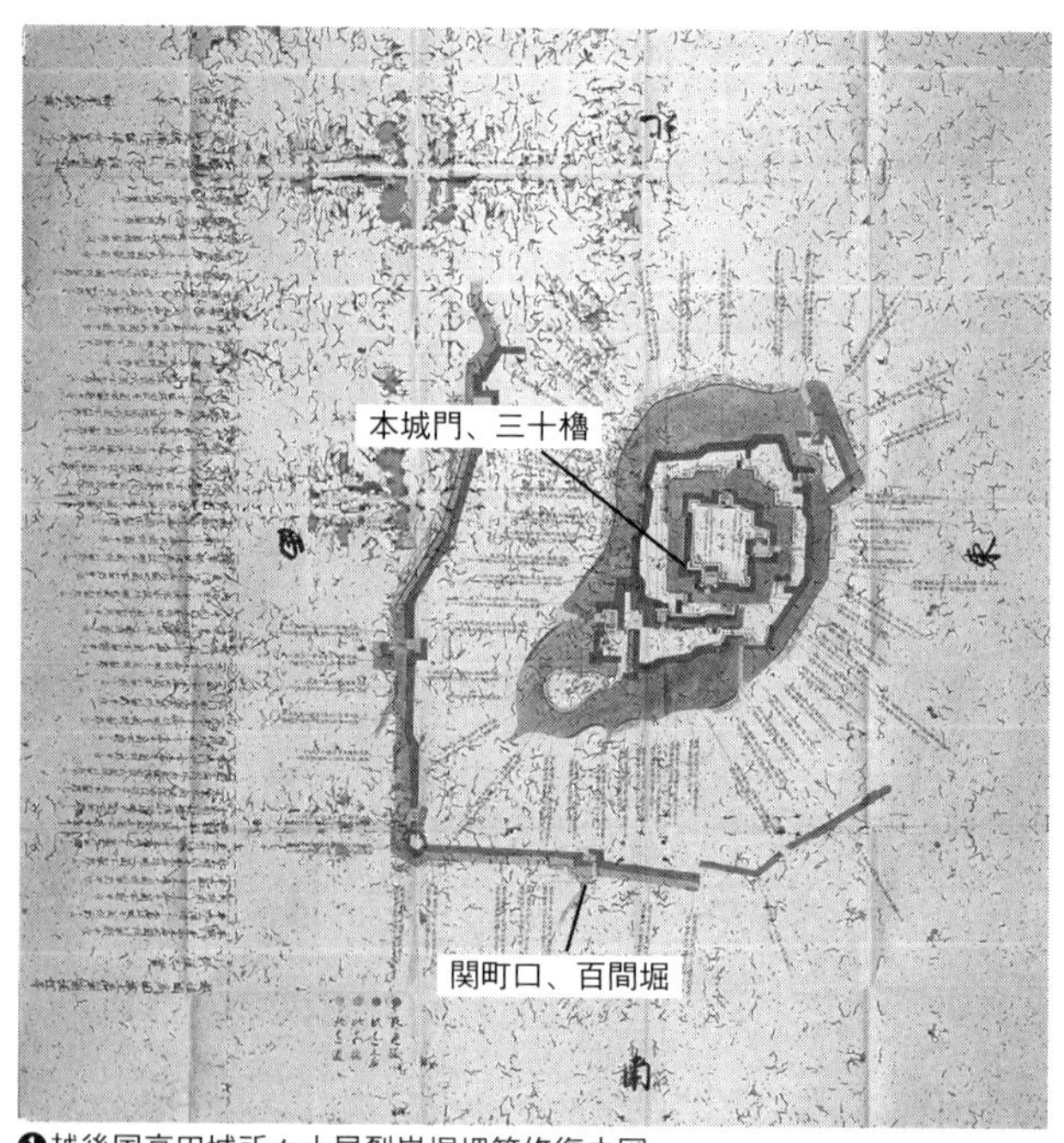

❶越後国高田城所々土居裂崩堀埋等修復之図

がある。また、三重櫓付近の土居には、「此所土居高サ四間、横百弐拾壱間裂崩申候、同所堀横百弐拾壱間、幅弐間埋り申候」とあり、図には赤で蛇行する線が描かれている。この蛇行する線が、「裂崩」の表現であると考えられる。なお、一間は約一・八メートルになり、二間が約三・六メートルである。

もう一箇所、南側の関町と百間堀付近を見よう。百間堀は総曲輪を構成する要素で、高田築城の際に人工的に造成された。「関町口東西土居折廻三箇所裂崩申候」と、政永の報告には記されている。

本城門と同様に「裂崩」との表現がなされていることに、目をひかれる。図を見ると、百間堀の城側の東に「此所土居高サ弐間、横折廻百七拾間裂崩申候、同所□（文字不明）横折廻百七拾間、幅壱間半埋り申候」とあり、また西側に「此所土居高サ弐間、横折廻五拾間崩申候、同所堀横折廻五拾間、幅壱間半埋り申候」、対岸に「此所堀端水放高サ八尺、横三拾間裂崩申候、同所堀横三拾間、幅壱間埋り申候」と記されている。この三箇所が、政永の言う「関町口東西土居折廻三箇所」と一致しているのかは判然としないが、被害が総曲輪全体に及んだことが知られる。

幕府からは、その後一万両の拝借金が貸与された。藩ではこの拝借金を元に、城の再建に三〇〇〇両、家臣の屋敷再建に七〇〇〇両、領中（村方）の手当に二〇〇〇両、町方に一〇〇〇両を充てるとした。

3、結びにかえて

この地震の被害は、信越国境を越えた松代藩にも及んだ。原田和彦氏によれば、松代城本丸大手櫓の石垣が崩れ、喰違長屋や火消小屋が破損、山抜が一四箇所で発生した（原田：二〇二〇年）。松代藩には、幕府から三千両が貸与された。自然災害においても、信越国境地域の一帯性は、また明瞭に示されたのであった。

参考文献

・浅倉有子「寛延四年（一七五一）年（宝暦元年）高田地震を素材とした授業内容案―日本史学からのアプローチ―」（松田愼也監修『社会科教科内容構成学の探求』、風間書房、二〇一八年）
・「越後国高田城所々土居裂崩堀埋等修復之図」（「榊原家文書」榊原家所蔵、公益財団法人旧高田和親会管理）
・上越市史編さん委員会『上越市史』通史編四　近世二（上越市、二〇〇四年）
・新潟県『新潟県史』資料編第六巻、一九八一年
・原田和彦「江戸時代における上越地方の地震活動について―北信濃との関係から―」（『二〇二〇年度歴史地震史料研究会講演要旨集』、新潟大学、二〇二〇年十一月十五日）
・矢田俊文・上田浩介「一七五一年越後高田地震史料・越後国頸城郡吉尾組（桑取谷）地震之節諸事亡所之品書上帳と越後国頸城郡高田領往還破損所絵図」（『災害と資料』五号、新潟大学災害復興科学センターアーカイブズ分野、二〇一一年）
・矢田俊文・卜部厚志「一七五一年越後高田地震による被害分布と震源域の再検討」（『資料学研究』八号、新潟大学大学院現代社会文化研究科、二〇一一年）

24

庄屋たちが起こした運動に迫る

幕領への復帰を求めた農民
——越後国上板倉郷と大崎郷の庄屋の記録から

【キーワード】
・奔走する庄屋たち
・幕領と私領
・情報収集と運動

清沢　聰

1、高田城主榊原家の村替え

村替えとは江戸幕府が行う措置で、幕府領（幕領）や大名領（私領）の支配村々を替えることをいう。上越地方の城下町高田には、近世で八家の大名が入れ替わったが、それぞれ大名は知行高が違うので、知行高が少ない大名が来る場合は幕領の村々が増えるし、また、その逆になる場合もあった。したがって、ひとつの村で明治時代に入るまで高田城主領にあった村、途中からずっと幕領であった村、高田城主領から幕領になりまた高田城主領に戻った村など、江戸時代二六五年を通してさまざまな変化があった。

高田城主の最後は榊原家であり、在封（在任）期間は寛保元年（一七四一）から明治四年（一八七一）までの約一三〇年の長期に渡った。榊原家は姫路から高田に入封したが、当初からその領地は越後頸城郡内に六万石と奥州の四郡に九万石に分かれていた。領地が遠隔地に分断されていることはいろいろな面で不都合があり、榊原家ではその統合を望んでいた。文化六年（一八〇九）一一月、榊原家は奥州領分の内五万石余を幕府に返地し、かわりに頸城郡内で五万石余（荒井、川浦、脇野町の三代官所支配下の村々二六四か村）を拝領した。これによって、榊原家の領地は頸城郡に一二万石、奥州に三万石となった。これが、「文化六年の村替え」と呼ばれている。

なお、奥州で榊原家の領地であった五万石余は、そのまま榊原家の預り所となったため、その年貢徴収や治安維持等の管理義務の重い責務は残った。

ところが、この村替えの前年の四月二十三日付で荒井役所（代官大原四郎右衛門）は支配下の村に「知行渡し（私領に替る）ならびに分郷なって差し障りの有無」について尋ねている。それに対し南部の一八か村からの返答および願書には、「当郡中の村々は、高山霧下の村々、里方は川付け村々で、至って悪地貧窮の村ばかりのため、前々から幕領代官所から年貢米の三分の一は定石代（一定の代金納）を命じられ、残りの三分の二の米も石代を命じられ、その格別のお手当でようやく百姓は食料を得てきた。知行渡しになったら年貢米は現物納となり、また、臨時の郡役徴収金が増加したいへん困る。どうか知行渡しにならないようお願します。」と記されている。

また、荒井町からは、町役人が江戸に出向き直接代官に知行渡しにならないよう歎願したいと届を役所に提出している。これら幕領の村々は明らかに私領に替ることを拒んでいたことが見えるが、その村人たちの願いは叶えられることはなかった。

2、その後の庄屋たちの行動

この村替えから九年後の文政元年（一八一八）に、近年発見された「村替一件綴り」が書き始められた。その内容には、驚くべきことがらや真偽の程が定かでないことがらが記録されている。

この綴りは、一番・二番・三番の冊子とそれらに附随する六点の史料から成り、上板倉郷除戸村庄屋孫助が記録したものである（❶）。その内容の多くは越後国上板倉郷・大崎郷の国元と江戸との遣り取りである二〇通におよぶ書状が占めている。

❶村替一件綴り

なお、記録は文政元年二月ごろに始まり文政三年十一月までの三年近くに渡っていて、その字数は三万八〇〇〇字を超える（❷）。

「村替一件　壱番」の冒頭部分に「御料所（幕領）へ立ち戻るのによい「ツテ」（手づる）があるのだが、ハマり込む者がなく延び延びになっていて、五月なるがどうしたものか云々」と庄屋の一人からの提案がある。この手づるは、籠町村七右衛門によって二月にもたらされた。七右衛門は庄屋役を勤めていたが「身上不如意」で退役し、江戸へ奉公稼ぎに出ていた。奉公先は「上野代官田村権右衛門」宅の下人奉公であった。

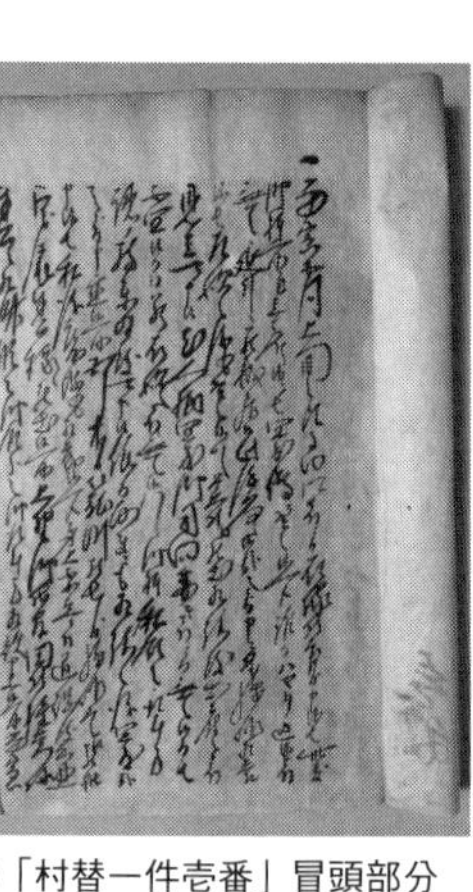

❷「村替一件壱番」冒頭部分

奉公中に文化六年の村替になってからの苦難を喋(しゃべ)ったことが代官に伝わり「百姓が難渋ならば、御料所にすることも可能なので、早速、国元へ下り、身元のよい者を一〜二人同道で、領主の取り計らい方を箇条書きにして持参せよ。」等とのことであった。四月中に江戸に戻って来るように指示されたが、それには応じることができないでいた。

五月二十一日、両明寺（荒井田町の良明寺ヵ）で六人の庄屋が中心となって評議し、窪松原(くぼまつばら)新田の長右衛門を出府させることとその諸費用を一か村金二分ずつ負担してもらうことを決めた。これらのことを承知した村は二五か村であった。なお、この時、荒井から遠方の「大濠(おおぶけ)通り」と「西浜」（文化六年の村替え以前に荒井代官支配下にあった村々）への働きかけを行うことも話し合った。

そして、六月五日、七右衛門と長右衛門らが国元を出立し、六月十一日に江戸に着き、十四日に田村権右衛門、手代石井小十郎、勘定奉行留役(とめやく)酒井九郎治郎、勘定掛高橋平作に会った。その時の話し合いの内容はつぎの二つに集約される。

・村替えは容易にはできないことなので、江戸の榊原家の御留守居(おるすい)役人へ掛け合い、その後に幕府の上級関係方に働きかけを進める。村替えが実現したら相応の金銭を納める。そのため、七右衛門らは帰国して取り決めを行って江戸に戻って来ること、長右衛門は江戸に居残ること。

・村替えは三月から六月までに行うことになっている。当年は無理なので来春に村替えになるように取り計らう。

その後、国元では一部で七月二日ごろから村替えが行われるだろうことを前提にした今後の取り決め証文づくりや集金などが始まった。七月二十日になり、荒井町の松屋大助方に五人の庄屋が集まり、江戸から帰国した七右衛門の報告を聞いたが、「村替えが来春に延引（えんいん）になると、国元ではやる気をなくし退く村がでるので、当八月中までに実現させるべきだ」との早急な結論を出した。翌二十一日、庄屋ら六人連名で江戸の長右衛門に書状を出した。

その内容は、「文化六年の五万石余の村替えは、当時の三代官所附（つけ）の支配地から榊原家の支配となったものであるが、旧荒井附であった村でさえ既に今回の一件から抜けようとする村があるので、文化六年に榊原家の領地になった五万石余の村々がすべて今回の一件に同心する道理はないと思う。今回の件はせめて旧荒井附けだった村々（一四四か村・二万二五五六石七九三）の内から同心し連印した村々だけの幕領への復帰願いの運動としたい。また、当年中の村替えは時期が過ぎていて不可能と聞いたが、全国にはいろいろな例があり、当八月下旬までに川浦、または、信州中野御支配所へなりとも当分お預かり所で郷村引き渡しになるよう働きかけをお願いしたい。」などの外にこまごま複数項目を書き上げた。なお、七右衛門は、八月一日には江戸に戻った。

このような国元の庄屋たちの動きは、榊原家の役人から注視され始めており、上板倉郷・大崎郷の大肝煎（おおきもいり）や庄屋たちの中には藩役人の捜査などを恐れこの運動に背を向ける者もあり、各村の「百姓」たちも取極めの押印を拒む者もあったという。また、海岸部の「大瀁郷」の二万石余や「西浜」の六五〇〇石余の村々への働きかけの記事は「綴り」の中に見えるが賛同を得られたという記載はない。

しかし、旧荒井代官所近辺の村々の代表的な庄屋たちは、江戸の役人の勤務が替ってしまう可能性も心配し事を急いだ。

3、江戸での企て

国元で右のような動きの中、江戸では七月に入って代官の手代石井たちは榊原家の留守居役人と内々に面談して「荒井と西浜を手放し難い」等の返事を得たと記録されている。

荒井は信濃善光寺方面への北国（ほっこく）街道と飯山（いいやま）城下町への飯山街道の分岐点にあり手放し難い、また、西浜は幕府の日本海海岸防備・佐渡警護策の一端を榊原家が委ねられていたから当然手放すことは許されなかったであろう。

江戸留守居役人との対談が終わってから、幕府の上級役人らとの繋がりを図るべくその資金作りが始まり、八月十一日付の江戸からの書状が国元に届いた。そこには、諸費二千両が必要で、半分を石井が取り替え、残り千両は国元で出すように記してあった。それに対し、庄屋八人の連名で、今村々から金子（きんす）を取り立てたら「庄屋たちが離脱してしまう恐れがあるので、石井様の方で金子を調達していただき、この一件が成就したら取り立て送金する」ことを記し、江戸の長右衛門・七右衛門の両人宛てに書状を送った。

九月に入って江戸では、七右衛門・長右衛門連名で手代石井小十郎宛の金子借用文書が作成された。その合計金額は三二〇両、内訳は六人（水野様家老非地方（ひじかた）（土方）縫之助一〇〇両、奥祐筆（おくゆうひつ）布施蔵之丞五〇両、水野様・土井様・阿部様の御公人各五〇両、松平様の御公人二〇両）への献上金と思われる。なお、水野・土井・阿部・松平の四名は、当時の老中である水野忠成、土井利厚、阿部正精、松平乗保と推測する。また、土方縫之助と布施蔵之丞は実在を確認できる。

石井は国元から届いた八人連名の書状を添えて右の証文を作らせたのである。

4、進展が見えない中の風聞と疑惑

その後、江戸では箱訴（はこそ）を検討した形跡もあるが具体的なことは不明であり、十二月になって国元の庄屋たちは五人連名で長右衛門に書状を送った。そこには、同心した村の中には離散の思いに傾いている者もいること、最近の風聞では六大名の国替えがあり松平越後守様が本領の高田へ、榊原遠江守様は本領の姫路へ転封などと聞くが、そうなったら今回の村替一件は不可能であるので確認してほしいこと、このような状況なのでみんながお金を拠出することをためらっていて送金できない。そこで、現在この運動に賛同している村（一万二九〇〇石・村数六二）だけに限って認めてもらうようにはたらきかけてもらえないかなどが記されている。

このころ、榊原家が奥州に残っている三万石の領地の越後への村替えを願ってきているため今までの運動が中断されているとの新たな風聞が流れていた。また、「御料所になる村」として六四か村が書き上げられ、その内、石塚・荒井・小出雲・板橋・藤沢・坂本・二本木・松崎・市屋・福崎・坂口の一一か村は村替えができないなどが記された書状が一部に伝わった。

この情報は、国元の関係庄屋たち全員には伝えられなかった。その最も大きな理由は、村替えができない村とされた一一か村が明らかになると、これまで運動に加わりながら疑惑をもち始めていた村々への影響が大きくなり一挙に離脱してしまう可能性があったためである。この一一か村はすべて北国街道筋にあり、高田藩ではこれを手放すことは容認できなかったと考えられる。その後、さらに榊原家として手放したくない村として、山間部から関川や矢代川を下す「御才木」（高田城下町居住の家臣や町人たちの燃料としての焚き木など）を水揚げする所々の村も挙げている。

村替えとなるか否かで疑心が高まり揺れ動く国元では、江戸に行き知人を頼るなどして情報を得ようとする者も現れた。宿場の荒井町庄屋の息子は、ツテを頼って江戸城中奥で働く奥坊主や御勘定組頭の用人などから「村替えについて留役や祐筆が老中に取り組むことはありえない。話は偽りだ。江戸の七右衛門・長右衛門は多くの事で騙されている。」をはじめ、榊原家のいろいろな情報を得たと帰国後に報告している。その一方、江戸の長右衛門・七右衛門に会いに行った者は「現在、榊原家の奥州一件のことで手間取っているが、六月になれば村替えの引き渡しが済むはず」と聞かされたと報告している。

前者の報告に、推進してきた庄屋たちは大きな衝撃を受け、五月中旬から七月に江戸の二人との間で長文の書状の遣り取りを行った。その中には、相互の情報収集の曖昧さ、理解不足に伴う単独判断や仲間割れ、諸資金の準備不足などが浮かび上がっている。

文政二年の書状の伝存は、九月二十六日付の除戸村孫作から江戸の長右衛門への書状が最後である。その書状の要点は、国元から重立ち者二人ほど江戸に来てもらいお金等について相談したいという長右衛門の要請に、国元の庄屋たちの理解が一致しないので応じられないというものであった。その後の記事は、翌文政三年二月八日に江戸から帰国した梨木村の伝右衛門の話で、「一件はまだ取り決めがなく、落着はいつのことやら」となっており、三月十二日の窪松原村紋左衛門の話では「手間取ったが願いが出来するのは間違いない。しかし、噺は暫く無用の由」と記されている。

5、思わぬ結末

文政三年四月十一日夜　江戸屋敷より書状が到来し、幕府の川浦役所支配の村々が榊原家に長期間の御預り所となったことが知らされた。榊原家の奥州五万石余の預り所がなくなり、それとほぼ同じ石高の預り地が越後頸城郡内に生まれたのである。これは、文政三年の「所替え」と呼ばれている。この結果、不用になった川浦役所は廃止された。

そして、なによりもこれまで旧荒井代官所支配下の村々の内六〇を超える村々が、榊原領から幕領復帰を願い運動を続けてきたその一万五千石の村替えのことは「沙汰なし」であった。「村替一件」綴りではこのあと八月二十八日の記事になり、新たな記載が始まり十一月二十日まで続いている。その内容の中核はこれまで江戸で借用した金銭の精算と返済、そして、村替えを実現させる新たな相談である。そのために、江戸から石井の関係者が来越しさまざまな計画を検討したのである。

しかし、庄屋たちの求めた旧幕領への復帰は成就されるべくもなかった。

この一連の無謀ともいえる事態の背後にはなにがあったのだろうか。

当時の幕領の村人たちは、隣接する榊原家領村々の様子を知っていて、年貢米金や郡中諸費の実態も詳細に把握していたと考えられる。文化六年の村替えで幕領から榊原家領になった村の、文化五年までと文化六年以降の年貢割付状および年貢皆済目録等を比較しても両者の大きな違いは歴然としている（岩佐家文書　妙高市蔵）。端的に言えば、「三分の一金納」や「願石代」といった年貢米の代金納はほぼなくなり年貢米現物納に変わり、さらに、御用金等の徴収増加となった。

文化五年の嘆願は叶うことなく翌年幕領から榊原家領となり、その九年後に幕領への復帰を願い一連の活動を起こしたが、結局は徒労に終わったのである。

この「村替一件綴り」の内容で最も気になることは、幕領への復帰を叶えてやろうとした「旗本、御家人」らしき田村権右衛門とその手代石井小十郎、勘定奉行留役酒井九郎治郎といった人物である。これらの人物が巧妙に仕組んだ〝詐欺〟だとしたら時代の裏側を見たことになる。それは、今後の調査に委ねられる。このような事例は他に伝存しているのであろうか。

参考文献

・家臣人名事典編纂委員会編『三百藩家臣人名事典』（新人物往来社、一九八八年）
・小川恭一編著『寛政譜以降旗本家百科事典』（東洋書林、一九九七年）
・熊井保編『江戸幕臣人名事典』（新人物往来社、一九九七年）
・福島県浅川町『浅川町史』（一九九九年）
・上越市史編さん委員会『上越市史』通史編３・４（上越市、二〇〇四年・二〇〇五年）
・大石学編『江戸幕府大事典』（吉川弘文館、二〇〇九年）
・和泉清司著『徳川幕府領の形成と展開』（同成社、二〇一一年）
・福島県石川町『石川町史』（二〇一二年）
・清沢聰「文化六年の村替をめぐって」（『頸城文化』六八号　上越郷土研究会、二〇二〇年）

25

境界争いはいかに決着したか

百姓たちの山争いと領主の戦略
――信越国境山論

【キーワード】
・山争い
・江戸の裁判
・石塚築造

小酒井大悟

1、各地で起こった山をめぐる争い

江戸時代の百姓にとって、山は、村での暮らしをささえる、とても重要な場であった。たとえば、食料となる木の実や山菜、農業を営むうえで不可欠な肥料として用いる木の枝や草、燃料となる薪（たきぎ）などを、当時の百姓らは山から得ていた。

暮らしに欠かせない、さまざまな物資の供給源であったがために、山がどの村に属するのかは大きな問題であった。そのため、山の帰属や利用をめぐる村同士の争いは全国各地でみられた。こうした争いを山論（さんろん、やまろん）といい、領主（りょうしゅ）への訴状や裁定の結果を示した絵図などが今日まで残っている場合もあり、地域の歴史に迫る重要な手がかりを与えてくれる。

信越国境地域の村々の間でも山論が起こっており、なかには、対立する村々の支配領主が異なるために、江戸幕府に訴訟が持ち込まれ、裁許されている事例もみられる。ここでは、江戸時代前期の寛文（かんぶん）十年（一六七〇）に勃発した、信濃国水内（みのち）郡森（もり）村（現長野県栄（さかえ）村、当時飯山藩領）と越後

国魚沼郡羽倉村（現新潟県津南町、当時高田藩領）との山論を取り上げ、両村の山の境目が、信越の国境として定められるに至った経緯を探ってみたい。

2、信濃国森村と越後国羽倉村の山論

まず、信濃国森村と越後国羽倉村の山論のながれを、簡単に振り返っておく。

羽倉側の主張によれば、この山論は、寛文十年（一六七〇）正月に、森村の者が羽倉村地内の「美女松」という名木を伐採したことから始まった。これを受け、羽倉村の本村にあたる寺石村（現新潟県津南町）の庄屋から森村の庄屋へ抗議が行われた。また、羽倉側は支配領主の高田藩にこのことを上申し、高田藩からも、森村を支配する飯山藩へ申し入れを行ったが、埒が明かなかった。

三月からは、双方の間で、境目侵犯の証拠物件（切り取った木や山道具）の差し押さえと、これに対する報復行為（耕地を焼いたり打ち返したりする）が繰り返されるようになった。そのため、羽倉側は四月に再び高田藩に訴え出た。一方、森村側も飯山藩に、羽倉側の主張に対する反論の書面を提出している。

結局、四月以降も双方の対立は収まらず、証拠物件・道具の差し押さえと、報復行為としての耕地破壊が繰り返された。そのため、羽倉側は、飯山藩が森村の振る舞いに何らの対処もしてくれないとして、江戸出訴を望むようになった。五月、羽倉側の代表者が江戸出訴に対する高田藩

の内意をうかがうため、高田へ赴くも、結局、この時の江戸出訴は見送られた。その後も状況は打開せず、八月末には、双方が近隣の村々の百姓も動員して、係争地の所有を主張するために作物を刈り取ったり、相手側の百姓を棒や鳶口（とびぐち）などで打ち殴ったりする実力行使に出た。その結果、双方から、当時の言葉で「半死之体（はんしのてい）」と表現される重傷者が出る事態となった。

　こうした、大規模な実力行使を受け、翌九月に、森村と羽倉村はそれぞれ、自らの属する飯山藩・高田藩に訴え出たが、争いは解決しなかった。その後、一年ほどの動向は不明だが、寛文十二年（一六七二）六月、羽倉側は幕府への出訴に踏み切った。これに対し、八月に森村から反論を記した返答書が幕府へ提出された。双方の主張が出そろうと、延宝元年（一六七三）に幕府から検使（けんし）が派遣され、現地検分が行われた。そして、翌延宝（えんぽう）二年（一六七四）八月、幕府は、羽倉側の主張を容れて山の境目を定め、この山論は決着した。

3、双方が主張する境目の性格

　森村と羽倉村の山論で争われた境目は、両村の村境であるとともに、信越の国境でもあった。そのため、この山論は「信越国境山論」「信越国境争論」などと呼ばれてきた。この呼称からは、両村が互いに信越の国境を主張し合い、争った印象を受けるが、実際はどうであったのか。じつは、このことについて、正面から考えられてきたわけではないため、両村がどのような境目を主張していたのか（国境を主張していたのか）を、改めて確かめてみよう。

寛文十二年（一六七二）六月、羽倉側から幕府に提出された訴状（写）では、次のように境目を主張する（『新潟県史』資料編七近世二）。

一、越後・信州境之儀、上ハ関川の向、柏ケ嶺ゟ関田峠・ひるこ峠・菱ケ嶺至迄古来ゟ峰切、菱ケ嶺ゟ峰続、安場峰・雨池平・一本木嶺・寸越ケ嶺・苅合平・炭塚山・小頭嶺迄、凡関川ゟ拾四五里の所嶺切に御座候、其ゟ下ハ水斗沢きり、同沢口ゟ千曲川迄田畑作場きり、川端ニ榎・胡桃木前々ゟ植置き候、信州越後境目前代ゟ紛無之候

言葉を補って意味をとると、越後と信濃の境目は、上手は関川の方角で、柏ケ嶺から関田峠、ひるこ峠（牧峠）、菱ケ嶺（菱ケ岳）に至るまで古来より峰が境である。菱ケ嶺から安場峰、苅合平、炭塚山、小頭嶺まで、十四・五里（約五十六～六〇キロメートル）の所は峰を境としている。そこから下手は、水斗沢という沢が境で、その沢口から千曲川（新潟県側は信濃川）までの間は、森・羽倉両村百姓が所持する田畑が境である。千曲川の川端には榎や胡桃の木が前々から植えてある。信濃と越後の境目は前代から紛れなく、明白である。

このような羽倉側の主張する境目は、菱ケ嶺の前後で大きく分かれるようである。前半の、関川～ひるこ峠・菱ケ嶺は現在の新潟県妙高市・上越市にあり、両村からは遠方に位置し、今回の山論で直接の係争対象となっているわけではない。それぞれの間隔は広く、信越両国の明確な境

をなす地名が並んでいる。これに対し後半の、安場峰〜水斗沢は、森・羽倉の両村やごく近隣でしか知られていないという意味で、ローカルな地名が並び、それぞれの間隔も狭い。これが今回の山論で争われた境目で、両村の山境、村境といえる。

羽倉側は、この村境を前半の境目につなげることで、「越後・信州境」「信州越後境目」としている。つまり、羽倉側が主張する境目とは、信越の国境であった。

では、森村の主張する境目も国境ということになるだろうか。寛文十二年八月に森村から幕府に提出された返答書（写）から探ってみよう（『新潟県史』資料編七近世二）。

古来ゟ寺石村と森村境之義は千曲川之黒石岡ニ而八反田ノ榎・胡桃木・境川御座候、則先年御国廻り之節飯山ゟ御立候　境杉自今御座候、山境は小炭塚・大炭塚・東之次崎・小子名　平石・中のつるね・鴫山之一本木・丸山之腰通り・中山迄先規ゟ境目に紛無御座　候処に（後略）

森村の主張する境目は、千曲川方向（南側）から山の奥地へ、という順で説明されている。言葉を補って意味をとると、千曲川からほど近い黒石岡では、八反田ノ榎・胡桃木・境川が森村と寺石村（羽倉村も含まれる）の境をなし、先年に飯山藩が植えた境杉がある。山の境は、小炭塚、大炭塚、東之次崎、小子名平石（別の史料では、「こごめうたいら大平石」とも）、中のつるね、鴫山之一本木、丸山之腰通り、中山と続き、以前から定められていた境目に紛れはない。

こうした森村の主張する境目の地名は、中山のように特定できないものもあるが、この山論の係争対象で、当事者の両村や近隣でのみ知られたローカルなものであり、羽倉側の主張する境目の後半部分に対応するものといえる。実際、森村は返答書で、自分たちが主張する境目を、羽倉村を含む寺石村と森村の境、あるいは山境と記し、信越の国境とは述べていない。つまり、森村の出張する境目は、羽倉村（寺石村）と森村の村境なのであった。

このように、森・羽倉双方が主張する境目の性格は異なっており、とくに信越の国境を主張したのは、羽倉側だけであったことがわかる。では、そうした違いはどこから生まれるのだろうか。この山論のように、支配領主が異なる村同士の争論は幕府に持ち込まれるが、その際の訴状や返答書は領主の指導によって作られる。そのため、羽倉側の訴状は高田藩、森側の返答書は飯山藩の指導で作成され、それぞれに藩の意向が色濃く反映していることになる。

とすれば、羽倉側が幕府への訴状で、係争地の境目をかなり遠方の関川から続く信越の国境として主張しているのは、高田藩の意向にほかならない。信越の国境は、高田藩と飯山藩の藩領境でもある。高田藩は、羽倉村の訴えを通じて、この山論が藩領にかかわる問題であることを幕府にアピールしようとしていたと考えられる。

一方、森村が返答書で、係争対象の境目を村境の問題としていることも飯山藩の指示とみるべきで、そこからは、この山論を信越の国境、つまりは飯山藩と高田藩の藩領境の問題とせずに、高田藩と表立って対立することを回避しようとする意図が垣間見える。当時、高田藩の大名は、徳川一門のなかでも、御三家に次ぐ高い格式を持つ松平光長で、二十六万石。対して飯山藩の大名は松平忠倶、四万石であった。高田藩松平光長家とくらべると、格式や石高で小さくない差があり、ゆえに飯山藩としては、この山論を藩と藩の問題ではなく、あくまでも村レベルの問題にとどめることで、有利な結果を得ようとしたと考えられる。

４、境目の画定

延宝二年（一六七四）八月、幕府により、この山論は羽倉側の主張を容れて裁許された。裁許にあたり作成された絵図の裏面には、裁許内容を示す文章が記された。その冒頭には、「越後国魚沼郡羽倉村と信濃国水内郡森村国境論之事」とあり（「（絵図裏書裁許状）」石沢家文書、『新潟県史』資料編七近世二所収）、この山論が、信越の国境をめぐる争論と明記されている。そして、裁許結果を端的に記す部分を紹介すると、次のとおりである（同前）。

> 羽倉村申所之境用之、北方阿んばか峯・雨池平より壱本木峯・すんこゑ峯・かり合平・ことうか峯・水斗沢迄両国之境相立之条、境之通石塚五ヶ所、双方立合可築之

すなわち、羽倉側が主張する境目を用いることとし、北は阿んばか峰（前出の安場峰）・雨池平より、壱本木峯、すんこゑ峯、かり合平・ことうか峯、水斗沢までを信越両国の境目とするので、

この境目の目印となる石塚を五か所、双方の立ち合いで築くように、とある。

かくして、森・羽倉両村の山論は、信越国境山論（「国境論」）とされ、係争対象となった境目も信越の国境として画定された。このことは、羽倉側を指導した高田藩の訴訟上の戦略が奏功したことを意味するものだろう。

すでにみたように、森村やその背後で指導した飯山藩は、この山論を村境の問題として主張を展開しており、国境を主張したのは羽倉側だけであった。つまり、羽倉村や高田藩の対応・戦略次第では、この山論が信越国境山論とならず、また、争われた境目も信越の国境として定められることもなかった可能性がある。これまで、森村と羽倉村の山論が信越国境山論であることを自明の前提として研究や叙述が行われてきたが、両村の山論は、羽倉村やこれを指導した高田藩の訴訟戦略の結果、信越国境山論とされたのである。

このように、森村と羽倉村の山論は、当事者の両村の主張や、現場での行動のみならず、両村の支配領主である飯山藩と高田藩の思惑・戦略に、大きく影響されていた。

この山論の結果、境目の目印として、石塚が築造された。❶は、この石塚が築かれた場所を地図で示したもので、両村から山中に向けて、水斗沢（①）、ことうか峯（②）、すんこゑ峯（③）、壱本木峯（④）、阿んばか峯の奥（⑤）の五か所となる。阿んばか峰の奥（天水山付近）に築かれた石塚は、この山論で画定された境目の終点で、「とどめ（留）の石塚」という。一九八五年時点では、

❶石塚が築かれた位置
＊本図は、国土地理院の電子地形図 25000 を加工して作成。

毎年秋に羽倉の住民がとどめの石塚までの山道の刈り払いをし、境を確認していた。

現在、この刈り払いは行われていないようであるが、二〇一六年十月、地元の方々のご協力をいただき、山論で争われた境目を実踏調査する機会に恵まれた。その際、五つの石塚のうち、壱本木峯の石塚（❷、❶の④）と、阿んばか峯に築かれたとどめの石塚（❸、❶の⑤）を確認することができた。いずれも江戸時代以来のすがたをとどめており、人が頻繁・気軽に訪れることがない山中で、地域の歴史を静かに、今日に伝えている。

❷壱本木峯の石塚（撮影：筆者）

❸とどめの石塚（撮影：筆者）

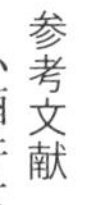

参考文献

・小酒井大悟「『信越国境山論』の裁許絵図」（『津南学』第六号、二〇一七年）
・小酒井大悟「信越国境と在地秩序」（地方史研究協議会編『信越国境の歴史像』雄山閣、二〇一七年）
・高木昭作『日本近世国家史の研究』（岩波書店、一九九〇年）
・津南町史編さん委員会編『津南町史　通史編　上巻』（津南町役場、一九八五年）
・新潟県編『新潟県史』資料編七近世二（新潟県、一九八一年）
・藤木久志『豊臣平和令と戦国社会』（東京大学出版会、一九八五年）
・八鍬友広『闘いを記憶する百姓たち』（吉川弘文館、二〇一七年）
・渡辺尚志『江戸・明治　百姓たちの山争い裁判』（草思社、二〇一七年）

26

怪しい史料にアプローチする

藩主の不行跡を裏づけるには
――史料の「クロスファイアー」論

【キーワード】
・史料批判
・転封命令
・榊原騒動

花岡公貴

１、「史料」は信じられるか

歴史資料のうちとくに文献資料のことを「史料」という。歴史を解き明かすための根拠として重要な役割を果たす。「史料」は研究対象とする時代によって戦国大名の書状だったり、近世の村の庄屋の御用留だったり、近代の新聞だったりさまざまである。ときには、一つの史料の発見によってそれまでの「史実」が簡単にひっくり返ったりする。そもそも「史実」なんて疑わしい。誰もその場で見たことがない事象を、できるだけ多くの人が納得できるように客観的に説明できたとき、それが暫定的に「史実」になるのであろう。歴史研究とはやっかいなものだと感じることがある。

さて、いろいろな「史料」を見ていると、そこに書かれたことが果たして本当のことだろうかと疑わしく思われる「史料」にあたるときがある。あまりにドラマティックな展開、原本は見当たらず写本だけが複数伝来している、ずっと前から誰でも利用できる状態なのに精力的な成果を残した地域史の研究者が見向きもしなかった、そんな「史料」。こんな条件が揃うと「どうも怪しい」と避けて通りたくなる。「史料」のなかには伝聞に基づいたものや後世に創作されたものがあって、うっかり信じて乗っかってしまうと大変である。

そのため、歴史研究のために「史料」を使うときは、その「史料」が信じるに足るものであるという裏付けをしておく必要がある。これを「史料批判」「史料評価」などという。

2、「史料」のクロスファイアー

ここで言うクロスファイアーは、野球で使うクロスファイアーとは違う。戦場において、二方向から敵に攻撃を加える戦術のことである。日本語では十字砲火ともいう。十字に交わる火線の中央に敵を補足することができれば効果的な攻撃になる。ちょっと穏やかでないが、サーチライトやペンライトに置き換えてもよい。私たちが探している歴史のなかの事象は、たいてい見通しの悪い暗い闇のかなたに存在している。その闇の先にある対象を手元の「史料」というライトで照らしてみる。なにかがぼうっとおぼろげに浮かび上がる。相手によるが全体像は見えにくい。しかし、別の場所から別のライト（＝「史料」）で同じ対象を照らし出すことが出来たらどうだろう。歴史の事象は、ずっとはっきりとした輪郭を見せてくれるだろう。よりその存在を確信することができるに違いない。

どうも怪しい、そんな「史料」も、このクロスファイアーが成立すれば有効な「史料」に変わることがある。

3、榊原政岑という大名

上越市の市街地の西、上杉謙信の居城として知られる春日山城跡がある。その麓にこちらもやはり上杉謙信ゆかりの林泉寺という名刹がある。その林泉寺の境内の一番奥深く、普段はだれも寄り付かないような場所に榊原政岑の墓は静かに建っている。

榊原政岑は江戸時代中期の大名である。榊原家の家譜「嗣封録」（「榊原文書」）によれば、正徳五年（一七一五）五月十九日生まれ、寛保三年（一七四三）二月十七日に二十九歳で死去している。

榊原政岑の短い生涯に触れる前に、榊原家についてかいつまんで紹介しておこう。

榊原家は、徳川四天王に数えられる榊原康政を藩祖とする。康政は徳川家康の関東入部にあたり、上野国館林で一〇万石を拝領して大名となった。その後、三代忠次の代に陸奥国白河で一五万石、続いて播磨国姫路へ転封し、さらに五代政倫の時に越後国村上へ、六代政邦の代には再び姫路へ移り、そして九代政永の家督相続にあたって越後国高田へと転封し、以後明治四年（一八七一）まで、六代一三〇年にわたって高田一五万石を治めることとなった。

越後国高田は、中世越後国府の地位を引き継いで越後一国を治めるため慶長十九年（一六一四）に天下普請によって築かれた城と城下町だった。しかし、初代藩主の松平忠輝、そして四代目藩主松平光長（みつなが）と有力な親藩大名が改易処分となったうえ、光長改易後に総検地が行われたことにより、表高（幕府から拝領した石高）と実高（実際に収穫される石高）がほとんど変わらないという、大名にとっては収入が少ない知行地となっていた。高田は越後随一の城下町としての高い格式ながら、収入が少ない土地というレッテルが貼られて大名にとっては左遷地と見られるようになっていた。

榊原家九代の政永は、その高田へ姫路から転封してきたのである。この転封の原因を作ったのが政永の父である政岑であった。

政岑は、大名榊原家の分家である旗本の二男として生まれた。本来であれば一生を父や兄に養われなければならない立場である。しかし運命は政岑にイタズラをした。享保十六年（一七三一）に兄が死去して旗本榊原家を相続し、翌年には本家である大名榊原家の七代目政祐（まさすけ）が継嗣がないまま重態となったためその末期養子となり、十月十三日に家督を相続した。こうして政岑はあれよあれよという間に、旗本の二男から姫路藩主となってしまう。弱冠十七歳のときのことである。

それから、政岑の大名としての生活は九年間続き、寛保元年（一七四一）の十月十三日（奇しくも家督相続の月日と同じである）には、将軍吉宗（よしむね）の命によって「不行跡（ふぎょうせき）」を理由に隠居謹慎を命じられることになる。継嗣である政永には一五万石が安堵されたが、越後国高田への転封が言い渡される。政岑は江戸屋敷へ蟄居したのち、翌年五月には高田へ移され、翌寛保三年（一七四三）の二月十七日に高田で病死した。高田での蟄居生活は九か月に過ぎない。

4、政岑の「不行跡」を追え

政岑の「不行跡」とはいったい何だったのだろうか。このことが十数年前の著者の関心事だった。「榊原騒動」というテーマの原稿を書かなければならなかったからである。

政岑は後世、「好色大名」や「風流大名」などと評されることとなる。その「不行跡」は三田(みた)村鳶魚(むらえんぎょ)編の「播州色夫録(ばんしゅうしきふろく)」（『列侯深秘録』所収）に詳しいが、鳶魚が寛保元年当時の聞き書きだから「信ずるに足る」とする「色夫録」は、なんともとりとめもなく傍証も苦しい。一方で、明治時代に旧高田藩士庄田直道(しょうだなおみち)が著した伝記「榊原式部大輔政岑公之略歴・開かぬ花の香」（「榊原文書」）もあるが、これもまた後世の脚色を多く含んで信頼性が低い。どちらも、歴史の闇をまとった政岑の姿をいびつな形でしか映し出してくれないのである。

❶太田原諌表　表紙
（榊原家所蔵「榊原家史料」、公益財団法人旧高田藩和親会管理」）

なにか良い史料はないだろうか。以前から気になっていた史料があるにはあった。「太田原諌表(おおたわらかんぴょう)」（「榊原家史料」、以下「諌表」と略す）（❶）である。高田図書館が所蔵する「榊原文書」に含まれる榊原家の家譜「嗣封録」にも同文が収録されるほか、前出の伝記「開かぬ花の香」にも収録されている。いずれも写しで太田原儀兵衛(ぎへえ)なる人物が書いた原本は見当たらない。

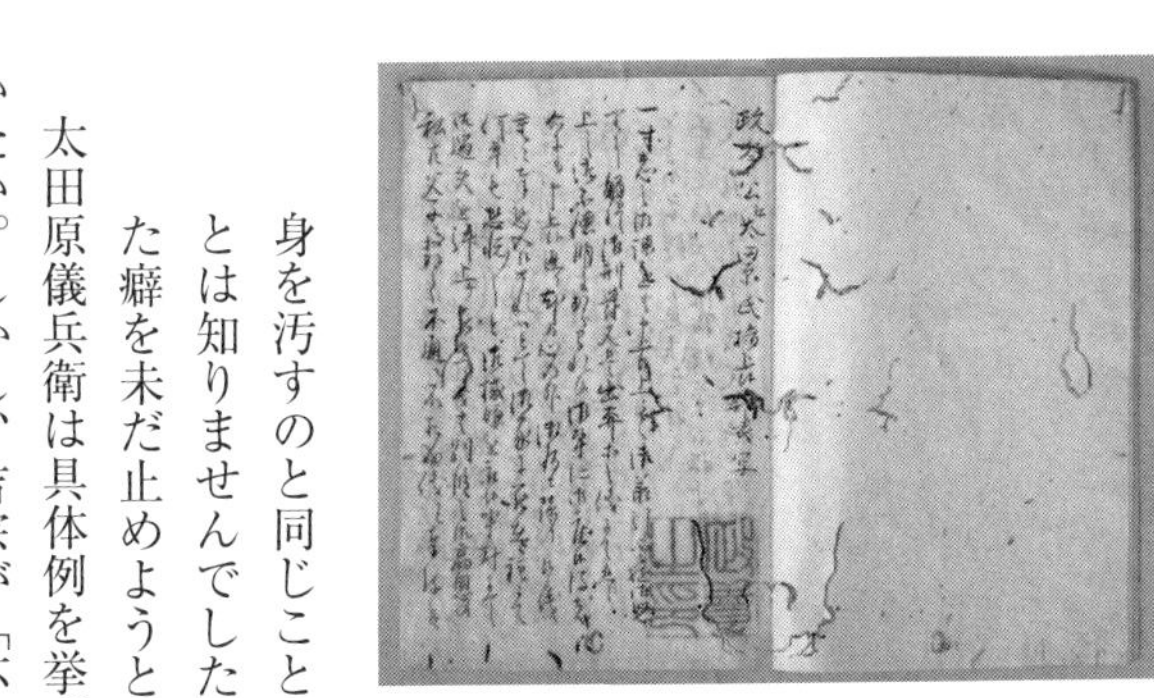

❷太田原諫表　冒頭

八〇〇〇字を超える「諫表」を読めば、つぎのような政岑の「不行跡」が書き上げられている。少しだけ意訳で紹介しておこう（❷）。

〇まず申し上げるべきは、市之橋の御屋敷のことです。東屋敷だけでさえ広すぎるというのに、欲に任せ奢りが過ぎています。財政状況が苦しい時に、無用の出費をすることは人君の立場で特に「不行跡」であり、まして現在はお家の存亡にかかるほど財政がひっ迫しているのです。

〇二つ目は、衣服のこと。女性の着物のようなものを着ることは「不行跡」です。このようなことは大名としての身を汚すのと同じことです。貴人のたしなみにこのような下品で物好きな趣向があるなどとは知りませんでした。あなたが年若のころ悪しきところへ遊びに行かれ、御身を汚された癖を未だ止めようとしないからでしょう。

太田原儀兵衛は具体例を挙げながら、政岑の「不行跡」を手厳しく批判している。この史料を使いたい。しかし、吉宗が「不行跡」を理由に政岑を隠居謹慎させる以前に、こんな率直で遠慮のない、無礼な諌表が本当に書かれたのだろうか。政岑の隠居謹慎のあと、いや死去の後かもしれない。後世の教訓とするために創作されたたものではないのか、そんな疑念がぬぐい切れなかった。写ししか残っていないことといい、地域の研究者がこの諌表の存在をスルーしていることといい、良い条件は見当たらなかった。

5、クロスファイアー発動

「史料」のクロスファイアーが必要になった。太田原儀兵衛の諌表が信じるに足るものであることを別の史料で裏付けしなければならない。

榊原家の家譜などによって、太田原儀兵衛の素性はすぐにわかった。儀兵衛の父は万水といい、儀兵衛の嫡子は又五郎という。二人とも諌表に名前が見える。儀兵衛自身は六代政邦・七代政祐に仕え、とりわけ政邦の信頼を得て奏者番から城代へ取り立てられた。政邦・政祐時代、儀兵衛は重用された家臣だったのだ。さらには、万水の娘・房(ふさ)は政邦の側室であり、七代政祐はこの房が産んでいる。つまり、城代である儀兵衛は七代政祐の叔父でもあることになる。この立場なら政岑に対する厳しい口調も納得がいく。では儀兵衛はいつどんなタイミングで諌表を書いたのか、その裏を取りたい。もう少し情報が必要だが、諌表にその手掛かりを探してみるよりほかない。

諌表の日付は「四月五日」で年号はない。諌表の末尾には「右に申上げたひとつふたつの（政岑の）過失について（政岑が）早々に改めたという知らせが遠境まで届くよう、ひとえに願っております（傍点筆者）」と結ばれていることから、どうやら儀兵衛は姫路城下を離れているようである。手掛かりは「四月五日」と「儀兵衛は城下にいない」の二点。諌表の背景を探る作業がはじまった。

榊原家の当主とその家臣団の動きを知るには「藩日記」（「榊原文書」）という最適の史料がある。「藩日記」には藩主の行動と家中の家督相続、改名、役職就任などが記録される。これをめくっていけば、儀兵衛の動きが記されているのではないか。

とはいえ、政岑が藩主であった九年間分の藩日記をすべてめくるのは骨が折れる。儀兵衛が政岑の「不行跡」を諌表に書くからには、それは吉宗が政岑を「不行跡」を理由に隠居させた寛保元年十月からそう遠い時期ではあるまい、九年分の日記を後ろからめくるべしと決めて、寛保元年の日記を後ろからめくり始めた。

「太田原儀兵衛」の六文字だけを探して一行一行目を走らせていく。やがて寛保元年分の日記は終わり、元文五年分に移り、それも終わって今度は元文四年分にと遡っていくが、一向に儀兵衛は出てこない。半分くらい見て、さすがにこれはダメかなと半ば諦めを感じながらも、このままでは原稿が書けないので未練がましく作業を続けた。もはや、前からめくった方が早かった。

儀兵衛の名前が出てきたのは、享保十九年二月の記事である。なんと、政岑の藩主就任からわずか一年半後のことだった。七年半分の日記を遡ったことになる。前から見ていれば一年半分で済んだ。

二月三日の条には、儀兵衛の好身（よしみ）（親戚）から、又五郎（儀兵衛の嫡子、当時の太田原家当主）が前夜に立ち退いた（無断で城下を離れた）ことが報告されている。続けて二月十二日には、又五郎が家族を連れて立ち退いたので、万水、儀兵衛、又五郎がいるところへ大塚兵右衛門（おおつかへいうえもん）が遣わされた、とある。大塚兵右衛門は諫表の添書の宛所だ。この二つの記事から、儀兵衛が父親と息子と一緒に城下を離れていたことが裏付けられた。儀兵衛の諫表の内容とぴたりと符合し、諫表の信頼性に確信を持つことができた。

藩日記の記事と諫表がクロスファイアーして、享保十九年二月三日の儀兵衛の立ち退きから四月五日の諫表の提出に至る経緯がはっきりと見えてきたのである。

6、「史料」と巡り合う

このクロスファイアーによって、政岑の「不行跡」が、その藩主就任直後からの蓄積であること、太田原儀兵衛の立ち退きが家中対立を背景とすることを指摘することができた。もし、政岑や太田原儀兵衛に興味を持たれたなら、詳細は拙稿「榊原騒動—榊原政岑の不行跡」（福田千鶴編『新選 御家騒動』所収）をご参照いただければ嬉しい。

さて、「史料」を使うためにはその信頼性を担保しなければならないという当たり前のことを、「クロスファイアー」などと大げさな言葉を使って、ささやかな体験をもとにお話ししてきた。歴史を紐解くことは興味深い。「史料」と巡り合うときは不思議な気持ちになる。丁寧に裏付けをとって政岑と儀兵衛のようなドラマに出会えたのは幸運だったと思う。裏付けが取れないままお蔵入りしてしまうことも少なくないことを付け加えておきたい。

雪が解けたら、春日山の麓、林泉寺の奥深く、政岑の墓前に今後も史料と巡り合わせていただけるよう手を合わせに行くことにしよう（❸）。

❸榊原政岑の墓（上越市林泉寺）

参考文献

・上越市史編さん委員会編『上越市史』通史編4 近世二（上越市、二〇〇四年）
・三田村鳶魚編『列侯深秘録』（歴史図書社、一九七五年）
・橋本政次『姫路城史』中巻（姫路城史刊行会、一九五二年）
・花岡公貴「榊原騒動—榊原政岑の不行跡—」（福田千鶴編『新選 御家騒動』下、二〇〇七年）
・庄田直道「榊原式部大輔政岑公之略歴・開かぬ花の香」（上越市立高田図書館所蔵「榊原文書」）
・「太田原諫表」（榊原家所蔵、公益財団法人旧高田藩和親会管理「榊原家史料」）
・「嗣封録」（上越市立高田図書館所蔵「榊原文書」）
・「藩日記（藩政日記）」（上越市立高田図書館所蔵「榊原文書」）

あとがき

シリーズ『地方史はおもしろい04』をお届けします。四冊目は「信越地域」を対象にして、生活文化、宗教・信仰、出土品、記録史料、近代化等から歴史・文化にせまる一書になりました。

執筆者は、地方史研究協議会二〇一六年度の第六七回（妙高）大会の関係者を中心にご担当していただいております。序文は浅倉有子氏にご執筆いただき、原稿の取りまとめは、佐藤慎氏を中心に、原田和彦氏、宮澤崇士氏、荒川将氏にご協力を賜りました。お忙しい中ありがとうございました。大会から五年を経て、このような本を出すことができ、大変感謝します。

地方史研究協議会における本書の企画・編集等は、企画・総務小委員会（斉藤照徳・長沼秀明・鍋本由徳・芳賀和樹・長谷川幸一・平野明夫・吉岡拓・渡辺嘉之）が担当しました。

編集・出版は、本シリーズで続けてお世話いただいている文学通信の編集長岡田圭介氏、渡辺哲史氏、西内友美氏にお世話になりました。さまざまなアドバイスをいただき、ありがとうございます。記して感謝を申し上げます。

本書を通じて、信越地域の歴史・文化に興味を持たれる方がさらに増えて、地方史の普及につながることを願います。さらなる地方史活動を一緒に進めて参りましょう。

地方史研究協議会 企画・総務小委員会　栗原健一

執筆者紹介

宮澤崇士（みやざわ たかし）一九八二年生　飯山市教育委員会
主要業績「真田家文書からみる松代藩組織構造と「物書」役」（『近世大名のアーカイブズ資源研究』国文学研究資料館編、思文閣出版、二〇一六年）

原田和彦（はらだ かずひこ）一九六三年生　長野市立博物館
主要業績「『大地震一件』からみた一八四七年善光寺地震の被害」（『災害・復興と資料』第一三号、二〇二一年）

笹本正治（ささもと しょうじ）一九五一年生　長野県立歴史館
主要業績『歴史のなかの音―音がつなぐ日本人の感性―』（三弥井書店、二〇一二年）

樋口明里（ひぐち あかり）一九九一年生　長野市立博物館
主要業績「長野市鬼無里の『財又地区二十戸共有文書』と諏訪神社の屋台」（『長野県民俗の会会報』第三六号、二〇一六年）

望月　誠（もちづき まこと）一九八五年生　長野女子高等学校
主要業績『御目見順分限帳弘化年間　飯山藩本多氏分限帳』（足立印刷、二〇一七年）

竹下多美（たけした たみ）一九七八年生　長野市立博物館
主要業績「謙信が信仰した異形の神」（『上杉謙信』福原圭一・前嶋敏編、高志書院、二〇一七年）

佐藤　慎（さとう まこと）一九七六年生　妙高市教育委員会
主要業績「宝蔵院が供養した仏像たち」（『妙高山雲上寺宝蔵院日記の風景』妙高市教育委員会、二〇一〇年）

渡部浩二（わたなべ こうじ）一九七〇年生　新潟県立歴史博物館
主要業績「江戸時代の旅と越後の名所」（『歴史地理学』五五―一、二〇一三年）

由谷裕哉（よしたに ひろや）一九五五年生　金沢大学（客員研究員）
主要業績『近世修験の宗教民俗学的研究』（岩田書院、二〇一八年）

竹之内耕（たけのうち こう）一九六二年生　フォッサマグナミュージアム
主要業績「第一章　新潟の中・古生界」（『日本の地質　増補版』共立出版、二〇〇五年）

成田　健（なりた けん）一九六六年生　長野市立博物館
主要業績「長野県の中新統青木累層から産した貝類化石群」（『信州新町化石博物館研究報告』第４号　二〇〇一年）

木島　勉（きじま つとむ）一九五九年生　長者ヶ原考古館
主要業績「翡翠の工人たち」（『古代翡翠文化の謎を探る』学生社、二〇〇六年）

柳生俊樹（やぎゅう としき）一九七六年生　中野市教育委員会
主要業績「多数のガラス小玉が出土した弥生後期の集落跡―長野女子高校校庭遺跡―」（『列島東部における弥生後期の変革―久ヶ原・弥生町期の現在と未来―』西相模考古学研究会

ほか編、六一書房、二〇一五年）

室　正一（むろ　しょういち）一九九〇年生　木島平村教育委員会
主要業績「根塚遺跡読本」（『弥生時代における東西交流の実態―広域的な連動を問う―』西相模考古学研究会・兵庫考古学談話会合同シンポジウム実行委員会、二〇一九年）

二星　潤（にぼし　じゅん）一九七八年生　長野工業高等専門学校一般科
主要業績「九世紀における文人の国司任官―菅原道真の讃岐守任官を手がかりに―」（『ヒストリア』二六七、二〇一八年）

平林大樹（ひらばやし　ひろき）一九八六年生　千曲市教育委員会
主要業績「古墳副葬矢鏃の分析視角」（『古代武器研究』Vol.14、二〇一八年）

野村駿介（のむら　しゅんすけ）一九九〇年生　長野市教育委員会

小柳義男（こやなぎ　よしお）一九五一年生　飯綱郷土史研究会
主要業績「妙高山の山岳信仰」（『山岳信仰の考古学』山の考古学研究会、同成社、二〇〇三年）

荒川　将（あらかわ　まさし）一九八〇年　上越市教育委員会
主要業績「直轄県における統治と「公論」―柏崎県郡中議事者制の形成過程を事例として―」（『地方史研究』四〇六号、二〇二〇年）

西山耕一（にしやま　こういち）一九五〇年生
主要業績『電気が創った上越近代化物語』（東北電力株式会社上越営業所、二〇一七年）

前嶋　敏（まえしま　さとし）一九七一年生　新潟県立歴史博物館
主要業績「黒田宮村菅河家文書の形成」（『古文書の伝来と歴史の創造　―由緒論から読み解く山国文書の世界―』坂田聡編、高志書院、二〇二〇年）

山中さゆり（やまなか　さゆり）一九七二年生　真田宝物館
主要業績「真田家印章の使用と伝来」（『近世大名のアーカイブズ資源研究』国文学研究資料館編、思文閣出版、二〇一六年）

浅倉有子（あさくら　ゆうこ）一九五六年生　上越教育大学大学院学校教育研究科
主要業績『アイヌの漆器に関する学際的研究』（北海道出版企画センター、二〇一九年）

清沢　聰（きよさわ　さとし）一九四四年生　上越郷土研究会
主要業績『江戸・明治時代　高田平野に生きた農民たち』（二〇一六年）

小酒井大悟（こさかい　だいご）一九七七年生　東京都江戸東京博物館
主要業績『近世前期の土豪と地域社会』（清文堂出版、二〇一八年）

花岡公貴（はなおか　こうき）一九六九年生　上越市立歴史博物館
主要業績「「榊原家文書」と藩日記について―史料学的視点から―」（『新潟県立文書館研究紀要』第9号、二〇〇二年）

シリーズ刊行にあたって

地方史研究協議会　会長　廣瀬良弘

地方史研究協議会は、二〇二〇年に創立七〇周年を迎えた。これを期して書籍刊行の企画が検討された。全国各地で保存されてきた地域の資史料を学術的にアピールするための企画である。

日本全国の文化財は、国の指定文化財として国宝・重要文化財があり、都道府県の指定文化財もあり、さらに市区町村の指定文化財もある。このうち都道府県や市区町村の指定文化財は、各自治体が地域にとって重要であると考える資史料を指定文化財として保存・公開している。しかしながら、自治体が指定した文化財をその自治体以外の人々が知る機会はそう多くはない。全国の博物館やその他の保存機関などには、限られた研究者のみしか利用されてこなかった資史料も存在している。

これまで全国の文化財行政に携わる人々や研究を志す人々などによって、資史料の調査や保存活動が地道に行われ続けてきた。そうした人々の努力により、将来にわたり、歴史的に価値のある資史料が保存・公開され続けていく。一方で近年、地震や台風、火災などで地域の資史料が被災し、損失している。地域の資史料の地道な保存活動は、多くの人々の理解があってこそ成立する。そのためには、地域の資史料のもつ情報の凄さを広く知ってもらいたいと考える。

本企画は、知名度はかならずしも高くないものの、地域を考えるうえで重要な資史料に焦点をあてて、学術的なその面白さを広めるシリーズ企画である。題して『地方史はおもしろい』である。それらの資史料が地域の歴史のなかでどのような意味を持っているのか。また、それらの資史料からどのような人々の営みやさまざまな情報を読み取ることができるのか。地域で保存され、伝えられてきた資史料をもとに地域の歴史にスポットをあてていく。

ぜひ多くの方々に本シリーズの各書をお手に取って、地域の歴史のおもしろさを身近に感じていただきたい。

二〇二〇年四月

地方史研究協議会

地方史研究協議会は、各地の地方史研究者および研究団体相互間の連絡を密にし、日本史研究の基礎である地方史研究を推進することを目的とした学会です。1950年に発足し、現在会員数は1,400名余、会長・監事・評議員・委員・常任委員をもって委員会を構成し、会を運営しています。発足当初から、毎年一回、全国各地の研究会・研究者と密接な連絡のもとに大会を開催しています。また、1951年3月、会誌『地方史研究』第1号を発行し、現在も着実に刊行を続けています（年6冊、隔月刊）。

◆入会を希望される方は、下記QRコードよりお申し込みください。

〒111-0032
東京都台東区浅草5-33-1-2F
地方史研究協議会事務局
FAX　03-6802-4129
URL：http://chihoshi.jp/

シリーズ●地方史はおもしろい04

日本の歴史を描き直す
――信越地域の歴史像

編者　地方史研究協議会

2021（令和3）年9月30日　第1版第1刷発行

ISBN978-4-909658-61-6 C0221

発行所　株式会社 文学通信

〒114-0001　東京都北区東十条1-18-1 東十条ビル1-101
電話 03-5939-9027　Fax 03-5939-9094
メール info@bungaku-report.com
ウェブ https://bungaku-report.com

発行人　岡田圭介

印刷・製本　モリモト印刷

ご意見・ご感想はこちらからも送れます。上記のQRコードを読み取ってください。

※乱丁・落丁本はお取り替えいたしますので、ご一報ください。
書影は自由にお使いください。